Sakkos & Anzüge

MÄNNERMODE

SAKKOS & ANZÜGE

JOHN DE GREEF

thullverlag

Artoprint
VERLAG UND PROJEKTGESTALTUNG

DER VERLAG DANKT FOLGENDEN MODEHÄUSERN FÜR IHRE FREUNDLICHE UNTERSTÜTZUNG DIESER BUCHPRODUKTION:

Architect, Giorgio Armani, Pierre Balmain, Bäumler, Bendien/Smits, Biagiotti Uomo, Dirk Bikkemberg, Nik Boll, Burberrys, Calugi è Giannelli, Pierre Cardin, Nino Cerruti, Chapon & Haar, Corneliani, Cristian Dior, Dressmaster, The English Hatter, Van Enthoven Agenturen, J.P. Gaultier, GFT, Van Gils, Hij Herenmode, Lanvin, Ralph Lauren, Matinique, Matsuda, Samuele Mazza, McGregor, Claude Montana, Moschino, Nadini Uomo, Nettetal, Dries van Noten, Panchietti, Ritex Leader Line, Paul Smith, Olivier Strelli, Studio Milano, Nico Verhey, Waterland Affairs.

Außerdem möchten wir Lotte Broos danken für ihre Zeichnungen (S. 82), dem Bonaventura Verlag, der die Zeitschrift *Man* herausgibt, Internationaal Wolsecretariaat, Van Enthoven Agenturen, The British Tourist Authority, RBP Press (S. 5) und nicht zuletzt den Fotografen Norbert van Onna (Umslag), Jean Louis Atlan/Sygma/ABC Press (S. 58), Wayne George/ABC Press (S. 53), R. Bagnoli (S. 25 unten), J. Klok/ANP Foto (S. 30), Paolo Roversi (S. 74) und Tim Street Porter/Gamma/RBP Press (S. 7).

Aus dem Niederländischen von Rosi Wiegmann
Graphische Gestaltung durch Bobbert van Wezel, Concept & Design. Luyksgestel
Aufmachung durch RAD & SAD, Amsterdam
Lithographie durch RVA, Amsterdam
Gedruckt bei Gruppo Editoriale Fabbri Bompiani Sonzogno Etas S.p.A.
Printed in Italy

ISBN 3 9801606 7 X

INHALT

Vorwort

Oben: Philip Garners humoristische Sicht auf den Schutz der Beine vor Kälte und vor neugierigen Blicken.

Links: Modegestalter Jean-Paul Gaultier unterstreicht die historische Sakkolinie mit viel Farbe und kombiniert die Jacke mit einem Strampelanzug, der einen westenartigen Ausschnitt hat, in dem Hemd und Binder sichtbar werden.

Wie müßte das Kleidungsstück aussehen, in dem sich die meisten Männer wohlfühlen? Es müßte stilvoll, aber bequem sein. Und praktische Taschen haben, in denen man die Hände, die Auto- oder Fahrradschlüssel, das Taschentuch, die Liebesbriefe, Wertpapiere, das Kleingeld und die Sonnenbrille unterbringen kann. Auch sollte es Ärmel haben, aus denen man etwas schütteln kann, ohne daß gleich das ganze Kleidungsstück verrutscht. Fürwahr recht anspruchsvolle Wünsche. Aber noch längst nicht alle. Schließlich müssen die Beine gegen Kälte und neugierige Blicke geschützt werden, aber so, daß man sie auch noch übereinanderschlagen kann. Wenn sich mit Gedächtnisschwund jemand an die Erfüllung dieser Aufgabe machen würde, käme er wahrscheinlich mit einem futuristischen Overall oder einer Mönchskutte voller Taschen an. Ob die Männer allerdings gern so etwas anziehen würden, ist zweifelhaft. Da sie ihr kollektives Gedächtnis nicht verloren haben, sind sie vermutlich zu stark von ihrer Anzugvergangenheit geprägt. Wir sollten froh sein, daß wir uns bei der Erfüllung der obengenannten Wünsche auf eine jahrhundertelange Erfahrung stützen können, die in der Erfindung von Jacke und Hose kulminierte - manchmal in Form eines Anzuges, manchmal als Sakkokombination.

Jeder moderne Anzug weist mehrere Details auf, die geschichtlichen Ursprung haben: Schlitze, Revers, Knöpfe am Ärmelschlitz. Sogar der simple Fakt, daß bei Männern die Jacken- und Hosenverschlüsse links geknöpft werden, geht auf die Zeiten zurück, in denen die Männer in der rechten Hand das Schwert und links das Cape oder den Schild zur Verteidigung trugen. Dieses Büchlein versucht, die Krone des Schneiderhandwerks mit Momentaufnahmen von heute und gestern ins rechte Licht zu rücken: den Anzug.

Oben: Die protestantischen Niederlande bevorzugten braves Schwarz. Der elegante Rhingrave-Anzug wurde im Norden nur wenig mit Bändern und Farben verziert. Das kurze Wams brachte das Hemd zur Geltung, das eigentlich zur Unterwäsche gehörte, aber auch aus den Ärmeln hervorlugte. Die sehr weite kurze Hose, das enganliegende Wams, der flache Kragen und das lange Haar mit dem konischen Hut machten den Mann zum wandelnden Kegel.
Ein Gemälde von Gerard Ter Borch aus dem Jahre 1673.

Ein Stich von De Hooghe, auf dem ein Herr in einer eigenartigen Kombination dargestellt ist, wie sie allerdings um 1670 üblich war. Er trägt, genau wie der Knecht hinter ihm, Jacke und Weste, mußte aber seine Rockschöße hochknöpfen, um die umfangreiche Rhinegrave-Hose unterzubringen.
Diesen Trick wandte man auch beim Reiten an, und die hinteren Frackknöpfe spielen noch heute darauf an.

Drei Jahrhunderte aus dem Anzug geschüttelt

'This mornig I rose, put on my suit with great skirts, having not lately worn any other clothes but them...', lautet eine Notiz von Samuel Pepys am Neujahrsmorgen 1660. Mit 'great skirts' sind die merkwürdigen weiten Hosenbeine einer kurzen, rockartigen Hose gemeint, die im Englischen den passenden Namen 'petticoat-breeches' (Hosenrock) erhielt, jedoch irrtümlicherweise in die Geschichte als 'rhinegrave'-Anzug eingehen sollte. Rheingraf Karl von der Pfalz staffierte sich zwar gern mit dieser pompösen Tracht aus, war aber keineswegs der erste oder der hervorstechendste Träger von 'petticoat-breeches'.

Sehr weite, knielange Shorts haben denselben Effekt wie die alten 'petticoat-breeches': in einem Hosenbein haben mehrere Beine Platz. Dieser Anzug von Calugi è Gianelli hat stark gepolsterte Schultern, so daß er dem Träger keine Kegelkonturen mehr verleiht.

Samuel Pepys vermerkte in seinen - in Geheimschrift verfaßten - Tagebüchern, die seit ihrer Entschlüsselung im vorigen Jahrhundert als sublime Beispiele egotistischer Literatur gelten und uns interessante Einblicke ins englische Alltagsleben bieten, auch das Mißgeschick eines Bekannten, der erst am Abend entdeckte, daß er den ganzen Tag über mit zwei Beinen in einem Hosenbein herumgelaufen war. Wenn man sich das heute vorstellt, denkt man an Sackhüpfen. Die Bilder aus der Mitte des siebzehnten Jahrhunderts und die wenigen noch erhaltenen Rheingrafenanzüge beweisen jedoch, daß in so einem Hosenbein ein ganzes Dutzend Beine Platz gehabt hätte.

Über der extrem weiten, knielangen Hose trug man ein breites, aber kurzes Wams, aus dem die Ärmel sowie die Taillenpartie des Hemdes hervorsahen, das damals noch als Unterkleidung galt. Eine lange Perücke, auf der manchmal noch ein hoher Hut thronte, und schmale Schultern vollendeten die Silhouette, die dem Mann Ähnlichkeit mit einem kurzbeinigen Kegel verschaffte. Da den modischen Mann anno 1660 zudem noch eine Unmenge bunter und glänzender Bändchen zierten, lag der Vergleich mit einem aufgeputzten Christbaum auf der Hand. Ein gefundenes Fressen für die puritanischen Kritiker; John Evelynn zum Beispiel verspottete diese Herrenmode

Der Sonnenkönig inmitten seiner Erben Anno 1710. Auf diesem Gemälde von Largillière trägt er Weste und Justaucorps, die er zunächst verabscheute. Louis' Jacke, Weste und Hose wurden aus dem gleichen Samtstoff genäht. Diese dreiteilige Kombination wird sich bis in unsere Zeit als offizieller Männeranzug behaupten. Um größer zu wirken (der Sonnenkönig war ein kleiner Mann), trägt er eine hohe Perücke und Schuhe mit hohen roten Absätzen. Der Herzog von Bourgogne, Louis' Enkel, trägt eine neumodische Perücke. Die Taschen auf seinem Justaucorps sind zu niedrig aufgesetzt.

Rechts: Ein Farbstich von einem Schneider, der beim Zuschneiden ist.
Seine grüne Weste ist fast genauso lang wie seine enganliegende goldgelbe Jacke. Die breiten umgeschlagenen Manschetten werden mit Knöpfen befestigt. Zeitgenössische Jacken sind noch immer mit solchen rudimentären Knöpfen versehen. Auch die Gewohnheit, den untersten Jacken- oder Westenknopf nicht zu schließen, geht auf diese Justaucorpsmode zurück, in der Knöpfe und Knopflöcher oft nur zur Zierde dienten.

Ein modischer Ehrerweis von Jean-Paul Gaultier an die Adresse des alten Justaucorps mit seinen vielen überflüssigen Knöpfen und Knopflöchern.

folgendermaßen: 'It was a fine silken thing which I spied walking the other day through Westminster Hall, that had as much ribbon about him as would have plundered six shops...'. Im Unterschied zum Rest des barocken Europa hielten sich die wohlhabenden, gesetzten Holländer aufgrund ihrer kalvinistischen Einstellung lieber an gedecktere Farben und Formen und ließen sich schwarze Hosenröcke machen. Das Ergebnis hatte eine weniger prunksüchtige, aber doch noch merkwürdige Ausstrahlung. Bald darauf tauchte jedoch ein völlig neuer Anzug auf, der das kurze Wams ('coublet') verdrängen sollte.

John Evelynns Aufruf zur Schlichtheit der Kleidung wurde vom englischen König Charles II. befolgt, nachdem ihm das Gerücht zu Ohren gekommen war, die höfischen Modeexzesse seinen die Ursache der großen Pestepidemie gewesen (die London im Vorjahr des großen Brandes heimgesucht hatte) . So erließ er im Oktober 1666 ein Dekret, das schlichte Kleidung gebot. Im gleichen Monat berichtete Pepys: 'This day the king begins to put on his vest... and a coat over it.' Der König hatte sich für eine weniger weite Hose entschieden, die er mit einer sogenannten persischen Weste komplettierte, die wiederum eine ebenfalls knielange Jacke verdeckte. Jacke und Weste verbargen dezent das Hemd, und man benutzte viel weniger Bänder. Anfangs zog der trendsettende Monarch eine dunkle Jacke über eine helle Weste, die ebenfalls Ärmel hatte, aber in dieser Kombination kam er sich vor wie eine Elster. Also verlegte er sich auf Jacke, Weste und Hose aus demselben Stoff und in derselben Farbe. Damit war der dreiteilige Anzug geboren, in dem alsbald auch die folgsamen Höflinge herumliefen.

Der dreiteilige Anzug eroberte im Triumphzug die zivilisierte Welt, in der er sich bis heute (und vermutlich auch in Zukunft) zu behaupten wußte. Damit ist aber längst noch nicht alles über ihn gesagt.

Der englische König bzw. seine Schneider hatten sich nämlich an verschiedenen bereits bekannten Vorbildern orientiert, obwohl sie behaupteten, nur von persischen und türkischen Trachten ausgegangen zu sein. So trug man in militärischen Kreise statt des Wamses schon häufig eine lange Jacke, und türkische Jacken oder Westen gehörten zum Outfit der Schauspieler und Künstler. Im Deutschen wurde diese Jacke als Rock bezeichnet, was auch in der Redewendung 'das Hemd liegt mir näher als der Rock' zum Ausdruck kommt. Im Französischen sprach man vom 'Justaucorps', ein Wort, das angibt, wo (nahe am Körper) die Jacke getragen wird. Der Aufstieg des Überrocks erfolgte also nicht aus dem Nichts. Die Kostümhistoriker gehen jedoch davon aus, daß der Erfolg des dreiteiligen Anzugs auf den schlechten Beziehungen zwischen England und Frankreich basiert. Die Bekehrung des englischen Monarchen zur Schlichtheit hielt nicht sehr lange an. Schon bald schrumpften die Rockschöße ein, damit die Weste die die Ärmel verlor, besser zur Geltung kam. Man schmückte die Weste mit allerlei Verzierungen aus Silber und Gold. Sowohl die Weste als auch die Jacke und die enger gewordene Hose, die oft aus Samt bestand, wurde von den englischen Schneidern derart verfeinert, daß sie dadurch zu Weltruhm gelangten. Ludwig XIV., dem man den Ausspruch 'L'état, c'est moi!' zuschreibt, glaubte, England, Charles II. und seinen Schneidern einen Streich spielen zu können, indem er die Weste lächerlich machte. Er ordnete an, daß das Fußvolk und die Pferdeknechte fortan eine französische Variante des englischen 'waistcoat' zu tragen hätten. Später änderte er seine Meinung und lief in der zweiten Hälfte seiner langen Regierungszeit selber in einer Weste herum. Das Kleidungsstück, dem er einen schlechten Namen besorgen wollte, wurde auf dem europäischen Festland besonders populär, es wurde den Knechten aus- und - in großer Aufmachung - den Höflingen angezogen. Schließlich taten die Franzosen, als ob sie selber die Westenmode eingeführt hätten.

Ihr Beitrag besteht in Wirklichkeit in einer neuen Stilgebung von Weste und Jacke, die als üppig und luxuriös zu charakterisieren ist, während der Anzug in England, wo der Hof kein sehr großes Ansehen genoß und der Landadel sich nicht allzu auffällig ausstaffierte, eine möglichst einfache Form behielt.

Die moderne Weste ist eine Referenz an Ludwig XIV., der sie dem Fußvolk und den Pferdeknechten vorschrieb, um die Engländer mit ihrer Westenmode zu verspotten. Schließlich mußte er sich auch dazu bekehren. Eine modische Kombination von Van Gils.

Sonnenkönig Ludwig XIV. liebte die höfische Etikette und Pracht. Biographen schrieben: '...il aime la gloire...'. Der Glanz seines Hoflebens in Versailles, das urprünglich ein öder Ort südlich des von Ludwig verabscheuten Paris war, in dem er ein barockes Weltwunder errichten ließ, hatte auch politische Hintergründe. Die Entfaltung von Pracht und Glanz (deren Luxus sich übrigens auf die Fassade beschränkte, denn die hygienischen Einrichtungen waren unzureichend bzw. gar nicht vorhanden) war nichts Unverbindliches: Die französische Aristokratie war

Links: Revers und Kragen dieser Jacke von Sisley sind mit einer bescheidenen Stickerei verziert, die im heutigen Modebild bereits Aufsehen erregt und von den respektablen mansgrauen Herren sicherlich abgelehnt wird.

verpflichtet, am Versailler Zeremoniell teilzunehmen, denn die vielen Maskenbälle ließen ihr keine Zeit für Verschwörungen gegen den König. Zudem floß ein großer Teil des für Kleidung ausgegebenen Geldes zurück in die Staatskasse, das heißt, in die Taschen des Königs, denn dessen schlauer Berater, der Finanzminister Colbert hatte sich für das Schneidergewerbe ein System des Protektionismus ausgedacht. 'Mode ist der Spiegel der Geschichte', soll der Sonnenkönig ausgerufen haben. Er hat sich jedenfalls große Mühe gegeben, dieses Wort wahr zu machen.

Kleidung wurde zum Mittelpunkt eines großen, sorgfältig vorbereiteten und ausgeführten Zeremoniells. Beim Aufstehen (Lever) und Zubettgehen des Königs durften einige Auserwählte die königliche Toilette verfolgen. Die Teilnehmer an diesem Ritual waren nach Protokoll gekleidet. Es lag genau fest, wer sich setzen durfte und wer das Gewicht seiner schweren Kleidung im Stehen zu tragen hatte. Gefangen im verordneten Luxus, wurden die Höflinge zu Figuren in ihrem eigenen Spiel. Das Protokoll war heilig, und man verwendete Unmengen Zeit, Geld und Mühe auf die zum jeweiligen Anlaß erforderliche Ausstaffierung.

'Après nous le déluge' (nach uns die Sintflut), äußerte Ludwig XV. in weiser Voraussicht. Sein Großvater, der Sonnenkönig, hatte Frankreich in ziemlich schlechter Verfassung hinterlassen. Die kostbaren Verzierungen seiner Westen, die vielen Ornamente auf seiner Kleidung und die teuren Perücken (die er genau wie die raren Taschentücher seinen Erben testamentarisch vermacht hatte) sowie das teure Dekor der großen Bühne Versailles forderten ihren Tribut. An der Bekleidung der Männer hatte sich wenig geändert. Die Jacke, also das Justaucorps, war - nach dem Vorbild der extremen Damenmode - weiter

Ganz oben: Dieser Herr aus dem 17. Jahrhundert zeigt seinen Schlips, die Weste und das Hemd, indem er nur einen Knopf seines Justaucorps schließt. Auf diesem Porträt von Ghislandi fällt die üppige Stickerei auf.

Oben: Eine gigantische gestickte Nelke thront auf der Rückseite dieses festlichen Moschino-Anzuges aus der Sommerkollektion Anno 1988.

Oben: Admiral Nelson im 'klassischen' Outfit. Die enge weiße Hose und die weißen Strümpfe stechen sehr von der dunklen Jacke ab, so daß der Eindruck von Nacktheit entsteht. Epauletten heben die Schultern hervor, wie es immer noch bei Militäruniformen üblich ist.

Oben: Eine Plusfours-Kombination aus der Winterkollektion von Waterland Affair für 1988. Es handelt sich um einen Nachkommen der adligen Kniehose.

Rechts: 'Die Hose ihres Bruders' ist der Titel dieser Karikatur, die die Unsittlichkeit der hosentragenden Damen aufs Korn nimmt.

geworden, da man sie mit dickerem Futter ausstattete. Die Manschetten, die sich direkt unter dem Ellbogen befanden, hatten große Aufschläge, die mit Knöpfen befestigt wurden, und demonstrierten, wie reich das Hemd verziert war. Jacke und Weste bestanden aus dem gleichen Material, waren aber oftmals unterschiedlich bestickt. Die Weste ließ man offen, um das Halstuch oder Jabot vorzuführen, und die Hose, die sich in Farbe und Material häufig von Weste und Jacke unterschied, saß an den Oberschenkeln knapper. Die Waden gingen in Seidenstrümpfe gekleidet.

Die Sintflut, die Ludwig XV. beschworen hatte, überspülte den hilflosen Ludwig XVI. und seine Frau Marie-Antoinette. Sie hatten noch erleben müssen, wie sich - als Folge des Unabhängigkeitskampfes von dreizehn armen kleinen amerikanischen Staaten - der einfachere englische Stil in der ganzen zivilisierten Welt durchsetzte. Man schnitt die Rockschöße am Vorderteil ab und machte die Jacke kürzer. Die Hose, die dadurch sichtbarer wurde, saß immer noch knapp und ging bis in Kniehöhe. Die Franzosen kreierten natürlich ein noch engeres Modell aus Sämischleder. Das Fehlen der vorderen Rockschöße (wie beim heutigen Frack) erwies sich bei militärischen Betätigungen wie dem Reiten als praktisch. Der lange Reitrock ging als Redingote in die Geschichte ein.

Ende des 18. Jahrhunderts hielt man seine Kleidung und Manieren für außerordentlich natürlich. Man glaubte sich der Natur und dem Schäferleben verbunden. Aus unserer heutigen Sicht widersprechen die Pastellfarben und die vielen luxuriösen Seidenstickereien dem 'Zurück-zur-Natur'-Trend. Die Männer, die das Puder aus der Perücke oder dem eigenen, einfach nach hinten gebundenem Haar geschüttelt hatten und ungezwungen mit den Damen konversierten, sahen das anders. Sie fühlten sich wie einfache Landarbeiter, wenn auch in feineren und zarteren Gewändern. Der 14. Juli 1789 räumte mit dieser und anderen Vorstellungen endgültig auf. Die echten Arbeiter und Schafhirten empfanden Abscheu vor den seidenbestrumpften Herren in Kniehosen ('culotten') mit Gold- oder Silberspangen über den Waden, in allzu eleganten Westen und in Jacken, die man nicht einmal zuknöpfen konnte, da sie nur als Rahmen für Weste, Hemd und Schlips dienten. Die Helden der Barrikaden entschieden sich für eine einfache, gerade Hose

Der französische 'Incroyable' läßt sich die Stiefel lacken, die er, genau wie seine Reitjacke (Redingote) aus der englischen Kleidung entlehnt und danach übertrieben hat. Das gilt auch für die Krawatte.

(Pantalons, Matelots) und bekamen deswegen den Beinamen 'sans-culottes'. Sie ließen das Hemd offen und banden die Krawatte nur achtlos. Ein paar Stutzer wandelten diese Mode zum 'englischen Stil' ab. Sie ließen das Haar wirr bis über die Ohren hängen und schlangen die Krawatte so um den Stehkragen, daß sie bis zu der Lockenpracht reichte. Die englische Reitjacke ('riding-coat') wurde zu einem langen, ulkigen Mantel verballhornt, und ihrem Namen erging es ebenso: man spricht vom Redingote. Die Weste schrumpfte und entblößte den Hosenschlitz. Die Hosen wurden, genau wie die Jacke, manchmal absichtlich mit künstlichen Falten ausgestattet und an den Nähten gerieben. 'Unglaublich', dachten die Passanten und nannten die so gekleideten Männer 'Incroyables'. Die Damen in ihrer Begleitung sahen genauso eigenartig aus, als würden sie unaufhörlich vom Sturmwind durcheinandergewirbelt, und das brachte ihnen die Bezeichnung 'merveilleuses' ein.

Napoleon griff nicht auf die elegante Kleidung aus der Zeit vor der Revolution zurück, orientierte sich aber genauso wenig an den 'Incroyables'. Seinem Geltungsdrang und seiner Herrschsucht entsprach eher das Militärische. Es eroberte auch die Kleidung, denn die schmale Schulterpartie des früheren Anzugs wurde von breiten, martialischen und epaulettenverzierten

Rechts: Die Kniehose überlebte die Revolution, wurde aber im Lauf der Zeit durch die Pantalons von der Modeszene vertrieben, die anfangs gerade die Waden bedeckten und besonders knapp saßen. Seit der Mitte des 19. Jahrhunderts ist die Kniehose zum Bestandteil eleganter Uniformen geworden. Man trägt sie außerdem bei Wanderungen durch Wald und Feld und spricht dann von Knickerbockers, die wiederum, wenn man sie um 4 Inch verlängert, als Plusfours bezeichnet werden. Hin und wieder tauchen die engen 'culottes' auch bei den Damen auf. Namentlich französische Coutouriers lassen sich bei ihren Kreationen gern von der historischen Mode zur Zeit der Revolution inspirieren. Jean-Paul Gaultier, der gern Elemente der Damen- und der Herrenmode gegeneinander austauscht, präsentierte die Kniehose als Alternative zur langen Hose, kam aber damit nicht viel weiter als bis ins Rampenlicht der Modenschau.
Die farbenfrohe Jacke im Tapetenstil hatte mehr Glück.

Links: Der wahre Dandy bevorzugte einen enganliegenden Anzug, der den schlanken Körper betonte. Daß man dabei manchmal der Natur Gewalt antun mußte, beweist dieses Bild aus den dreißiger Jahren des vorigen Jahrhunderts.

Schultern verdrängt. Die militärische Phase dauerte allerdings nicht lange. Auf dem Festland orientierten sich die Männer bald wieder am englischen Stil, ohne ihn aber nach Art der 'Incroyables' zu mißinterpretieren. Man trug eine kurze Weste, eine enganliegende Hose und eine Jacke, deren Schwalbenschwanz noch daran erinnerte, daß einst auch die vorderen Schöße bis auf die Knie herunterhingen. Im Grunde hob sich dieser Anzug, dessen Einzelteile häufig in Farbe und Material verschieden waren, nicht so sehr von dem im 17. und 18. Jahrhundert üblichen Modell ab. Allerdings fehlten alle Verzierungen, und auffällige Dessins ließen auch noch eine Weile auf sich warten.

Zu Beginn des 19. Jahrhunderts bevorzugten die Herren der oberen Stände die einfache Modelinie des englischen Bürgertums. Praktischer Komfort siegte über die Eitelkeit. Reichtum wurde nur noch in der Damenkleidung zur Schau gestellt, so daß die Frauen wie hilflose, aber allerliebste Püppchen herumliefen.

Eine Karikatur von King George, der bei Dandy Brummell Modeunterricht nahm. Wie seine Umgebung diese Bemühungen beurteilte, zeigt dieser Stich, der dem korpulenten König nicht gerade schmeichelt.

Dünnbeinige Männer bedienten sich in den Zeiten der Kniehose falscher Waden. Galanten Liebhabern bereiteten die Prothesen Probleme. Hier versucht einer, seine Waden unterm Kissen zu verstecken, was aber seinen Schlaf stört. Auch das Umziehen im Beisein der Bettgespielin war recht kompliziert, wenn man sich mit falschen Federn schmückte.

Da sich der praktische Aspekt in der Männerkleidung durchsetzte, avancierten die weniger bequemen Modelle der Alltagskleidung recht schnell zur Abend- und Festkleidung. Die Kniehose, die elegante Weste und das knielange Jackett blieben als Bestandteil der Livree von Bediensteten erhalten. Den Frack und den Cutaway (ersterer hat gerade abgeschnittene Schöße und einen geraden 'Schwanz', letzterer abgerundete Vorderschöße) reservierte man für den Abend und für spezielle Gelegenheiten. Vor allem der Frack erfüllt auch heute noch denselben Zweck.

Daß gerade die Dandys zu Beginn des 19. Jahrhunderts die Vorkämpfer einer einfachen Garderobe waren, dürfte vermutlich Erstaunen erregen. Daneben legten sie - ganz im Sinne ihres geistigen Führers Beau Brummell - Wert auf den perfekten Sitz ihrer Kleidung. Brummell achtete um so mehr auf den guten Schnitt, als keinerlei Verzierungen mehr vom Wesentlichen ablenkten. Er instruierte nicht nur seinen Schneider, sondern auch den englischen König, wie man die sublimsten Resultate erzielte. Ein Samtkragen und hochgeschlagene Rockschöße, die Vorläufer der Revers, umrahmen das Schmuckstück des Dandys: die perfekt gebundene Krawatte. Der Prüfstein des wahren Gentleman war der große Leinenlappen, den man erst in ein Halstuch und dann in eine Krawatte umzuwandeln hatte. Die Schlichtheit eines Brummell, die aus einer dunkelblauen Jacke zur knallroten Weste und kanariengelben Hose bestand, wobei letztere den Unterleib hauteng umschloß, kommt uns heutzutage allerdings recht gewollt vor.

Nach den ersten Jahrzehnten des vorigen Jahrhunderts zogen die städtischen Männer ihre Kniehosen aus und trugen sie nur noch auf Visiten bei Hofe, bei Landaufenthalten und sportlichen Aktivitäten. Die Pantalons dienten als Alternative. Sie lagen eng an und wurden deswegen auch als 'Spannhosen' bezeichnet. Um 1830 wurden die Pantalons für zeremonielle und festliche Anlässe reserviert, und die etwas weitere Hose, die man bis dahin nur ausnahmsweise, z.B. am Strand, getragen hatte, wurde zur Alltagshose. Da Handwerker schon länger so gekleidet gingen, fanden die respektablen Herren dieses Outfit zunächst etwas unpassend. Mitte des vorigen Jahrhunders ersetzte man den breiten, klappenartig gestalteten Hosenschlitz durch einen Verschluß, der eher mit dem heutigen vergleichbar ist. Damals bevorzugte man Anzüge, bei denen Jackett, Weste und Hose in verschiedenen Mustern gehalten waren. Die Jacke hatte inzwischen einen recht einfachen Schnitt bekommen, der dem unseres Sakkos ähnelte. Das galt aber nur für den Grundschnitt, denn ansonsten hatte man in jeder Dekade andere Vorstellungen von der idealen Silhouette des Mannes; manchmal polsterte man die Brustpartie, dann wuchsen die Hüften in die Breite oder wurde die Taille wespenartig.

Seit der Mitte des vergangenen Jahrhunderts regiert der Ernst: die Weste verschwindet immer mehr unter der zugeknöpften Jacke, und die Farben Grau, Dunkelblau und Schwarz dominieren. Es war in einer Stadt, wo die Kirche das Sagen hatte, bis in die fünfziger Jahre unseres Jahrhunderts unumgänglich, sich sonntags schwarz anzuziehen, und in der Provinz, wo die Religion die Kultur bestimmt, ist das noch immer der Fall. Auf dem Lande durchbrach man den Ernst der Garderobe mit Tweedjacken und sportlichen Norfolkjacketts, die mit ihren vielen Taschen und eingearbeiteten Gürteln sehr praktisch sind, sowie mit Knickerbokkers, - weiten Kniehosen, die sich gut für Fußtouren durch hohes Gras und Heide eignen. Der nüchterne viktorianische Geschmack behielt jedoch die Oberhand und drückte der Männermode seinen Stempel auf, bis ihr Edward VII. seine prinzlichen Vorlieben diktierte. Sein Geschmack und die vielen ihm zugeschriebenen Einfälle, sind die Grundlage der klassischen Männermode unserer Tage. Obwohl der Monarch, genau wie seine illustren trendsettenden Vorgänger, nicht für all die Veränderungen verantwortlich war, die die neue Modelinie prägten, war er eine so auffallende Erscheinung, daß er logischerweise gleich als Initiator von allem galt. So nimmt man auch an, daß Edward den Anzug lebendig erhalten hat.

Eine Gravüre Anno 1835, die zwei Jacken zeigt: beim linken Modell hat man die vorderen Rockschöße abgeschnitten, so daß die enganliegenden Pantalons sichtbar werden, die bis über den Fußrist gehen und unter der Fußsohle zugebunden werden. Der Begleittext spricht beim rechten Modell von einem 'habit de cheval', beim linken vom 'redingote'. Beides bedeutet soviel wie Reitjacke.

Rechts: Eine eigensinnige Norfolk-Interprepation von Matsuda für den Sommer 1989.

Oben: Original Burberry-Jakken in ihrem sportlichen Element.

Rechts: Ein neues Norfolkmodell für tropische Temperaturen. Von Matinique.

Rechts: Designer Dirk Bikkemberg verleiht der Norfolkjacke wieder sportlichen 'Touch', indem er sie mit Jogginghosen kombiniert.

Links: Die neueste Norfolkinterpretation von Calugi è Giannelli. Dazu eine Pelzhose.

Der Maler Gainsborough gilt als einer der besten Stoffmaler. Hier stellt er dar, wie man sich in der zweiten Hälfte des 18. Jahrhunderts absichtlich steifen, knittrigen Stoff um den Leib drapierte, um einen dynamischen Effekt zu erzielen.

Rechts: Wirklich klassische Kleidung auf einer griechischen Vase etwa 500 v. Chr. Achilles, hier noch unverletzt, verbindet Freund Patrokles den Arm. Beide sind nur in eine kurze drapierte Tunika gekleidet, tragen aber darüber noch eine mit Leder besetzte Kampftunika.

Neuklassisch oder die Widersprüchlichkeit des Modernen

An sich bedeutet 'klassisch', daß die entsprechenden Objekte auf die griechisch-römische Antike Bezug nehmen. Da die alten Griechen und Römer aber drapierte Kleidungsstücke bevorzugten, die in Falten und ohne Nähte am nackten Körper herabfielen, ist die Bezeichnung 'klassischer Anzug' eigentlich recht fragwürdig. Ein solcher Anzug hat auch wenig mit einem mittelalterlichen Wams oder einer Robe gemein. Erst vor ungefähr 330 Jahren traten die ersten Männer in Jacken, Westen und Hosen auf, die so deutlich mit unseren Anzug- und Sakkokombinationen verwandt sind, daß man sie für Vorläufer halten kann. Der Mann von heute würde sich aber in den Sachen von damals sehr merkwürdig ausnehmen. Er würde wohl aus allen Nähten platzen, denn durch gute Ernährung und Hygiene ist er stärker und größer geworden. Früher wirkten sich Infektionen (die man sehr leicht bekam) und schlecht ausbalancierte Ernährungsweisen wachstumshemmend aus. Schon nach dem Ersten Weltkrieg stellten die Schneider fest, daß sie dem - durch trainierteren - Manne breitere Schultern in die Jacketts nähen mußten. Außerdem sind wir heute an bequeme Anzüge ohne viel Drum und Dran gewöhnt. Wenn man sich historische Anzüge ansieht, wird man bemerken, daß die Ärmel recht unordentlich eingesetzt sind, daß sie einen assymmetrischen Schnitt haben und daß der Stoff knittert. Diese Mängel haben nichts mit dem Alter der Kleidungsstücke zu tun. Das Schneiderhandwerk stand bis zur ersten Hälfte des vorigen Jahrhunderts auf einem viel niedrigen Niveau als die vielen schönen Modegravüren, auf denen die Herren tadellos gekleidet sind, glauben machen. Auch die allerbesten Schneider, die die gut betuchten Herren zweifellos ausfindig zu machen und zu beschäftigen wußten, hatten mit Stoffen zu tun, die nicht so raffiniert gewebt und verarbeitet waren wie das heute üblich ist.

Oben: Seit der Erfindung der Kamera wurde das tägliche Leben besonders realistisch im Bild festgehalten. So können wir feststellen, daß die Jacken und Hosen längst nicht immer so perfekt saßen, wie die Modezeichnungen uns glauben machen wollen. Vor allem die Ärmel und der Ärmelansatz gerieten leicht aus der Form.

Lange Zeit verfluchten die Schneider die Nähmaschine, die 1850 eingeführt wurde. Ein ganz und gar handgenähter Anzug sieht, wenn sein Hersteller nicht zur Spitzenklasse seiner Zunft gehört, jedoch viel unordentlicher aus als ein zumindest teilweise mit der Maschine gefertigtes Exemplar.

Der moderne Mann würde vielleicht an dem alten Styling der eleganten Muster und der Ziernähte Gefallen finden, aber in seiner Bewegungsfreiheit wäre er sehr eingeschränkt. Der größte Umschwung in der Männermode erfolgte denn auch im Rahmen der Sportbegeisterung. Vor reichlich hundert Jahren führte das Teilnehmen an und Zuschauen bei Sportveranstaltungen zu einer neuen und nach wie vor gültigen Bedingung für Männermode: Kleidung muß bequem sein.

Obwohl jeder weiß, daß ein dreiteiliger Anzug keine Fußballkleidung ist (und auch keine optimale Zuschauerkleidung), hat das Bedürfnis nach optimaler Bewegungsfreiheit dazu geführt, daß man die langen Schlipse für jeden Tag, die engen Hosen, hohen Kragen und die hübschen, aber unpraktischen Plastrons und eleganten Fliegen in den Schrank gehängt hat und nur noch zu besonderen Anlässen hervorholt. Es wäre aber falsch anzunehmen, daß sich der Mann nun gleich in besonders praktische Sachen gehüllt hätte. Simple Jacken aus der Kollektion von Kleidungsreformisten wie Dr. Jaeger, Modelle mit einer geraden Knopfleiste und in dunklen Farben, zu denen sich Hemd und Schlips fast erübrigten, zieht immer noch niemand freiwillig an. Das historische Bewußtsein hat zahllose alte Elemente bis zum Ende unseres Jahrhunderts bewahrt. Da ist der 'Spiegel' (oder das 'Fenster') der Jacke, der aus dem Dreieck besteht, das die Revers mit den umgeklappten Kragen bilden und in dem sich Hemd und Schlips als Einheit abzeichnen. Oder die hüftlange Jacke. Die Ärmel mit den funktionslosen Knöpfen am Ende. Vorderteile, die einander überdecken. Knöpfe, die ohne weiteres durch Klettenband oder Magneten ersetzt werden könnten (dann brauchte man nur noch eine Hand zum Öffnen und Schließen der Jacke). Ja sogar der Hosenaufschlag hat historischen Ursprung. All diese Dinge beweisen, daß bei unserer Kleidung trotz aller modischen Neuerungen konservative Neigungen eine Rolle spielen. Wirkliche Umwälzungen unseres Äußeren erscheinen uns nicht immer erstrebenswert. Viele Sportler könnten ihre Leistungen steigern, wenn sie 'skin-tight'-Anzüge aus superelastischem Material tragen würden. Aber Fußballer halten, genau wie Stabhochspringer, an ihren kurzen, flatternden Hosenbeinen fest, die sie ständig hoch- und zurechtziehen müssen. Sprinter, Eisschnelläufer und andere Sportler, bei denen es um Zehntelsekunden geht, haben der traditionellen Kleidung zugunsten der Uhr schon den Laufpaß gegeben.

Ende der fünfziger und zu Beginn der sechziger Jahre herrschte ein unerschütterlicher Fortschrittsglaube. Man erwartete Wunder von der Atomenergie, was das Atomium bei Brüssel symbolisiert, ein Pavillon aus lauter großen, glänzenden Kugeln, der anläßlich der Weltausstellung 1958 errichtet wurde.

In die Mode wurden in den sechziger Jahren verschiedene moderne Materialien in sportlich-straffer Verarbeitung eingeführt, wobei Designer wie Courrèges, Cardin und Rabanne Pionierarbeit leisteten. Man ging in jenen Tagen davon aus, daß wir im Jahr 2000 alle wie die Astronauten herumlaufen würden. Metallische Outfits mit breiten Schultern und Vinylanzüge ohne jedes Beiwerk - das war die Zukunft. Aber gerade jetzt, da wir langsam ins Fin de siècle eintreten, erweisen sich 'altmodische' Westen, Streifenanzüge und blaue Blazer in Kombination mit Baumwollhemden und Seidenschlipsen als zeitgenössischstes Outfit.

Sozio- und Psychologen haben sofort eine Erklärung für dieses Phänomen parat: wenn eine Jahrhundertwende in Sicht ist, wächst die Unsicherheit. Und in der Verwirrung klammert man sich an Vertrautes. Diese Theorie hat sich bei der vorigen Jahrhundertwende bestätigt, denn auch damals bot man verschiedene Neo-Stilarten als Neuerungen an. Übrigens kleiden sich Menschen, die von Berufs wegen respektabel und vertraueneinflößend wirken müssen, ebenfalls gern in alte Trachten. So ist der Anzug von Richtern, Geistlichen und Regierungschefs recht konservativ, was aber zugleich ein Zeichen von Stabilität ist.

Die modischen Experimente um 1970 förderten Jersey als Alternative zu gewebten Stoffen zutage. Er eignete sich gut für knappsitzende Kleidung und die um 1972/73 beliebten Tunikaanzüge und durchgehenden Hosenanzüge, wie dieses Modell beweist.

Der Anzug des Mannes ist über die Jahrzehnte hinweg sehr uniform geblieben. Das ist nicht verwunderlich, denn seit der Einführung der dreiteiligen Kombination in der zweiten Hälfte des 17. Jahrhunderts haben Uniformen immer mehr an Bedeutung gewonnen. Seit dieser Zeit standardisierte man die Armeekleidung. Vordem hatte man eine Art Freizeitkleidung verordnet, die sich wenig vom Zivillook unterschied, aber indem man an diesen Modellen weitgehend festhielt, kreierte man im Laufe der Jahre eine spezielle Armeekleidung, die jenseits der Mode stand. Tradition suggeriert in diesem Fall nicht Stillstand, sondern Bewahrung. Man vervollkommnete die Armeeuniform, ohne sie allzu drastisch zu verändern. Den vielen Männern, die seit jeher in der Armee dienten, brachte man Ehrerbietung, ja sogar Liebe zur Uniform bei, das heißt Respekt vor der Tradition, Stabilität und Macht, für die die Uniform steht. Kostümforscher mit soziologischem Einschlag sehen darin die Ursache für das im Vergleich zur Frauenmode eintönige Äußere der Männergarderobe.

Wiewohl die Kombination von Jacke und Hose in der Männergarderobe der letzten drei Jahrhunderte besonders fest im Sattel sitzt, werden zum Vergnügen auch allerhand Ritte ohne Sattel unternommen.

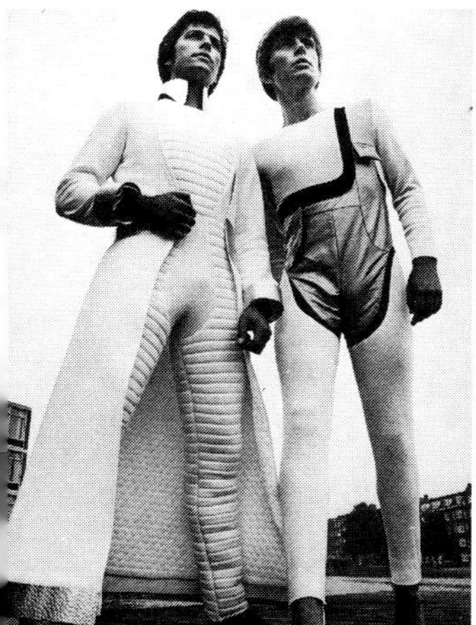

Ganz Links: Zwei aus einem Modewettbewerb des Jahres 1969 hervorgegangene Modelle. Der auftrag lautete: Kleide den Mann des Jahres 2000. Die Vorliebe für Synthetisches und Gestricktes erklärt sich aus der Annahme, die Zukunft müsse von lästigen Wasch- und Bügelarbeiten befreit werden.
Pflegeleichte und bügelfreie Materialien sollten mehr Freizeit und Komfort ermöglichen.
Jetzt, da die magische Wende nur noch 10 Jahre entfernt ist, haben wir uns anders besonnen. Wir interessieren uns vor allem für naturreine Materialien.

Links: Der futuristische 'Jetstyle' von 1970.

Der Blazer

Der heutige Blazer ist eine Jacke mit sportlichem Einschlag, möglichst in Dunkelblau, und insofern ein Kleidungsstück, das seine eigene Vergangenheit negiert oder auf Goldknöpfe mit Emblem- oder Ankermotiven reduziert.

Der Blazer (der Begriff stammt ab von 'to blaze' - schmücken, ausposaunen - und von 'blazon' - Wappen oder Emblem) präsentierte sich in der zweiten Hälfte des vorigen Jahrhunderts als farbenfroher Jackentyp, mit dem man bei sportlichen Betätigungen, hauptsächlich beim Rudern, hervorstechen wollte. Daneben gab es Blazer mit Streifen. Die damals noch kräftigen Farben verdunkelten sich im Laufe der Zeit zu Marineblau. Eine andere Version besagt, daß das die Grundfarbe der Jacke sei, die aus der Zeit stammt, da man sie an Bord eines großen Schiffes trug: des Fregattenblazers. Die Jacke war mit Perlmuttverzierungen und vielen Knöpfen und Vergoldungen ausgestattet, um gebührend aufzufallen. Königin Viktoria soll - der Überlieferung nach - bei einem Besuch an Bord eines Schiffes, dessen Kapitän die dunklen Jacken der Bemannung derart verziert hatte, ganz gerührt gewesen sein. Die Idee des Kapitäns lebt in jenen Döschen fort, die einen Satz Goldknöpfe enthalten, mit deren Hilfe man aus jeder gewöhnlichen blauen, braunen oder grauen Jacke selbst einen Blazer machen kann. Auch ein Emblem auf der Brusttasche oder eine Kordel an den Rändern der Vorderteile kann diesen Effekt erzielen. Der Blazer paßt am besten zu einer hellen Hose.

Der Anzug im Geschäftsleben

Der klassische Anzug, jetzt häufig als 'City'- oder 'Business-Suit' im Angebot, erinnert in vielem an den Anzug Anno 1860. Man schnitt damals ganz einfach vom Rock oder Frack auch noch die hinteren Rockschöße ab und schneiderte das so entstandene kurze Jackett aus demselben Material und in derselben Farbe wie Weste und Hose. So entstand der Anzug, ein Begriff, der in Fachkreisen nur verwendet wird, wenn Jacke und Hose in Farbe, Stoff und Musterung völlig übereinstimmen. Die Weste ist seit dem Zweiten Weltkrieg nicht mehr in allen Ländern unbedingt erforderlich. Während der vergangenen 130 Jahre trug man aber auch viele Anzüge, die aus unterschiedlichen Einzelteilen bestanden. Solche Varianten bezeichnete man als Sakko- oder Phantasiekombinationen.

Auch im vorigen Jahrhundert gab es bereits verschiedene Jackenverschlüsse: ein- und zweireihige. Aber oftmals knöpfte man die Jacke nicht ganz zu. Das hatte einerseits praktische Gründe, denn ein geschlossenes Jackett sieht zwar gut aus, sitzt aber schlecht, andererseits spielten ästhetische Erwägungen eine Rolle, denn die Weste war anfangs ein Prunkstück und später, als sie unauffälliger wurde, zumindest noch mit Ketten aus Edelmetall ausgestattet, die zum Befestigen der Uhr und anderer Accessoires dienten.

Bei einreihigen Jacken ließ man den untersten Knopf offen. Seit einigen Jahren verstößt man bei modischen Anzügen immer mehr gegen diese Regel. Kleidungsvorschriften sind überhaupt in Veränderung begriffen. So sieht man häufig Politiker in der Hitze des Gefechts mit weit offenem Jackett debattieren, wobei das weiße Oberhemd (und damit oftmals auch der Bauch) völlig entblößt wird. Eine Weste könnte da Abhilfe schaffen. Die jüngste Generation von Jackenträgern hält sich auch nicht mehr an die Anstandsregel, daß man die Jacke zuzuknöpfen hat, wenn man jemandem vorgestellt wird. Und vor der Auf-

Moderner klassischer Anzug von Corneliani, der angesichts der ausgezogenen Kontrastperson besonders 'angezogen' wirkt.
Besonders zeitgenössische Mode, auf der sich auch Cornelianis Ruf gründet, wird momentan noch auf sehr nostalgische Weise an den Mann gebracht. Hut, Handschuhe, blank geputzte Schuhe und sogar die Pfeife sollen die Atmosphäre von einst beschwören. Offenbar zieht das den Mann von heute mehr an als futuristische Reize.

Ein Modebild aus dem 1868er Katalog der englischen Firma Samuel Brothers, auf dem die relativ billigen Anzüge mit den Porträts berühmter Zeitgenossen aufgewertet werden. Ganz links ist Browning zu sehen, ganz rechts Farquehar Tupper. Die Anzüge der Herren weisen bereits 120 Jahre voraus, denn unser heutiger Outfit sieht nicht viel anders aus.

forderung zum Tanz schließt man nur noch im Ballsaal das Jackett, - in der Disko wäre das unangebracht.

Ein gut geschnittener Anzug hat breite Schultern, ist leicht antailliert und mit einer bequemen, eher reichlich sitzenden Hose ausgestattet, die meist Bundfalten hat. Die Weste hat seit Jahren einen fakultativen Status und erfreut sich vor allem in den Regionen der trendorientierten Mode großer Beliebtheit.

Inwieweit Ein- oder Zweireiher vorteilhafter sind, ist schwer zu sagen. Ein 'double-breasted' Modell, dessen zwei Knopfreihen und weit übereinandergeschlagenen Vorderteile immer so wirken, als könnte man sie auch rechts knöpfen, zwingt seinen Träger, die Jacke im Stehen und Gehen zu schließen. Auch trägt man selten Pullover oder Westen mit V-Ausschnitt zu solchen Jacken. Die Revers der Zweireiher können ziemlich hochgeschlossen sein, was aber beim zeitgenössischen Outfit zur modischen Variationsbreite beiträgt. Männer, die einen kleinen Bauch haben, können in einem Zweireiher erstaunlich schlank wirken. Das heißt wiederum nicht, daß der Einreiher automatisch dicker machen würde. Diese Effekte hängen vom Schnitt der Jacke ab, vom Material und nicht zuletzt von der Verarbeitung, die mit Sorgfalt und Geschmack oder in hohem Tempo und unordentlich erfolgen kann.

Der klassische Anzug im eigentlichen Sinne ist in den sechziger und siebziger Jahren in Ungnade gefallen, hat sich in den achtziger Jahren aber wieder viele Anhänger erobert. Das war vor allem das Verdienst ei-

Little Richard in einem 'zoot-suit' im Stil der fünfziger Jahre.

niger führender Designer, die den Anzug modernisierten, indem sie sich auf dessen Vergangenheit besannen. Dieser Widerspruch kennzeichnet übrigens nicht nur die Männermode der achtziger Jahre. Man orientierte sich auch früher schon bei modernen Entwürfen an alten Vorbildern.

So erinnerte zum Beispiel der 'New-Edwardian'-Stil der fünfziger Jahre an die scheinbar korrekte Linie der Jahrhundertwende. Die Jugend interpretierte diesen Stil jedoch sehr eigensinnig, so daß bald 'Teddyboys' herumliefen, die unter ihren überladenen Jacken sehr enge Hosen trugen, die pomadisierten Haare zu einer Tolle kämmten und Schuhe mit endlosen Spitzen anhatten. Ein extrem schmaler Binder oder eine Fliege rundete diese Aufmachung ab, die später zum Look der Halbstarken und Rock'n Rollers wurde.

Der zeitgenössische Business-Anzug verdankt seine gepolsterten Schultern dem Wiederaufleben der amerikanischen Männermode Ende der vierziger Jahre. Damals ließen sich die Männer, die jahrelang die Armeeuniform getragen hatten, einen ordentlichen Maßanzug schneidern, der eine maskuline, breite Schulterpartie besaß und aus einem langen Jackett mit einer schmalen Hüftenlinie sowie einer Hose mit ziemlich weiten Hosenbeinen, einer scharf gebügelten Falte und Aufschlägen bestand. Genau dieses Modell hatte einige Jahre zuvor Anstoß erregt, aber die Mode ist vergeßlich. Zu Beginn der vierziger Jahre hatten vor allem die amerikanischen Männer einen stark überzogenen 'männlichen' Stil bevorzugt. Viele Einwanderer aus Mittel- und Südamerika wurden nicht zur Armee eingezogen und entschieden sich - genau wie die 'Incroyables' zur Zeit der Französischen Revolution - für einen übertrieben eleganten Anzug mit sehr langen Rockschößen, einer zu weiten Hose und extrem breiten Revers. Dazu trugen sie einen mit Sorgfalt gebundenen Schlips, den ein Schlipshalter nach oben

Daß sich auch in der zeitlosen Tracht der Geschäftsleute Veränderungen vollziehen, zeigt die Zeitgeschichte: ein Anzug aus reiner Schurwolle von Ritex Leader Line (1979). Die Schulter sitzen ziemlich knapp, wie es bei den Amerikanern noch vielfach üblich ist. Noch auffälliger wirkt die Hose, die die Oberschenkel eng umspannt.

Ein 'zoot-suit' Anfang des Zweiten Weltkriegs. Die allzu breiten Schultern und Revers, die überlange Jacke und die überweite Hose erregten (neben dem vielen eleganten Beiwerk) bei den Männern in Uniform Ärgernis. Nach Kriegsende läßt sich der Zivilanzug aber durch diesen Aufzug inspirieren.

drückte, blankpolierte Schuhe und möglichst viel Ketten und Schmuck. Der Anzug bekam den Beinamen 'zoot-suit' und löste sogar gleichnamige Unruhen ('zoot-suit-riots') aus. In der Geschichte der Mode haben exaltierte oder extreme Schöpfungen häufig zu Aggressionen geführt. Man kennt die Erzählungen von Städtern, die auf dem Land wegen ihrer Kleidung attackiert wurden. Die 'zoot-suit'-Tumulte waren Auseinandersetzungen zwischen rivalisierenden Banden, Armeeangehörigen und den feingekleideten Einwanderern.

Da sich andererseits alles in der Geschichte wiederholt, wurde das 'zoot-suit' in abgeschwächter Form ein paar Jahre später zur bürgerlichen Tracht (wie es auch dem von den 'Incroyables' aufgebauschten englischen Anzug ergangen war). Auch dem durch den Krieg hervorgerufenen Textilmangel kam der Verzicht auf Hosenaufschläge, breite Revers und überlange Jacken sehr entgegen. Als der Mangel beseitigt war, änderte sich die Modelinie wieder, und Übertreibungen konnten nicht ausbleiben. In Amerika versah man Schlipse und Boxershorts mit auffälligen bunten Dessins, die oft die Grenze zum Kitsch überschritten, - ein dreistes Unterfangen, wie die Bezeichnung Bold-Look verrät.

In den fünfziger und sechziger Jahren vertiefte sich die Kluft zwischen der jungen und der älteren Generation immer mehr. Hatten die Modezeitungen früher Modelle für Vater, Sohn und Großvater vorgestellt, so gab es jetzt spezielle Magazine für junge Leute. Für den jugendlichen Käufer wurden auch bald Boutiquen (ein ganz neues

The man in the grey flannel suit.

Designer Angelo Tarlazzi besinnt sich mit seinen neuesten Modellen auf den einfachen klassischen Anzug der fünfziger Jahre. Dazu gehörte keine Weste. Dieser einreihige Durchschnittsanzug spielte eine wichtige Rolle in dem Film *The man in the grey flannel suit*. Gregory Peck trug ihn.

Phänomen) und Jugendmodeabteilungen in den Kaufhäusern eingerichtet, während die alte Garde den traditionellen Läden die Treue hielt. So wurde der Anzug fürs Geschäftsleben zu einer Angelegenheit älterer Herren, was nicht gerade zu seiner Auflockerung und Modernisierung beitrug. Man verhielt sich in den Nachkriegsjahren päpstlicher als der Papst und verleugnete die bunten Perioden aus der Geschichte der

Business-Anzüge von Hugo Boss, im sachlichen Grau der achtziger, aber schon mit Kurs auf die neunziger Jahre.

Männermode zugunsten düsterer Grau- und Blautöne sowie der Farben Anthrazit und Schwarz. Dagegen war es sogar im 19. Jahrhundert, als man in England bereits braune Anzüge verabscheute, durchaus üblich, daß sich die Männer bei Geschäftsabschlüssen rot und grün kleideten.

Die englischen Geschäftsleute, die unter der Melone nach wie vor den ruhmreichen Maßanzug der Savil-Row-Schneiderfirma (oder zumindest dessen Imitation) trugen, bestimmten, wie der Business-Anzug in Europa auszusehen hatte: sehr dunkelblau und eventuell vorsichtig gestreift. Ein relativ körpernaher Anzug, der aussah, als habe er sich seit hundert Jahren nicht verändert und werde das auch in den nächsten hundert Jahren keineswegs tun.

In Amerika galt seit der Mitte der fünfziger Jahren Grau als passendste und beliebteste Farbe der Geschäftskleidung. Bei dem Versuch, die Engländer nachzuahmen, entwickelte man eigenständige gerade Jacketts mit schmalen Revers und eine gerade Hose. Diese natürliche Silhouette sollte in die Geschichte eingehen als 'Ivy League-suit', eine von der gleichnamigen Universität an der

Oben: Konservative geschäftliche Outfits (Hij) mit extrem breiten Revers und knappsitzenden Schultern. Anno 1977.

Links: Einreihige Perfektion. Anno 1959.

Ostküste abgeleitete Bezeichnung.

Von der Alltagsgarderobe entfernte sich der Geschäftsanzug immer mehr, denn dieser taten sich neue Horizonte auf. Der Einfluß der Jugendkultur, der neuen Modeschöpfer und der zunehmenden Freizeit (die bequemere und sportlicher Kleidung erforderte) führte zur Entstehung von 'casual-' oder 'leisure-wear'. Diese Kleidung bildete, genau wie die Freizeitmode, einen Gegensatz zum Business-Outfit und City-Look. Seit den sechziger Jahren steht der Geschäftsanzug vor dem Dilemma, modische Neuerungen übernehmen zu wollen, ohne seinem respektablen Charakter Abbruch zu tun. In der Periode von Jeans und Anoraks, von Pullovern und ledernen Hosen war die Kluft besonders groß. Seit einigen Jahren dominiert eine traditionellere Einstellung, so daß sich der Anzug gegen die alternativen Outfits der sechziger und siebziger Jahre durchgesetzt hat. Dadurch fand auch der Business-Anzug wieder Anschluß an die Mode.

Sommer und Winter

Die derzeitige Männermode tendiert immer mehr dazu, für Anzüge mit repräsentativem Charakter leichtere Materialien zu verwenden. Das betrifft das Tuch und das Futter. Statt des schweren Gewebes aus Pferdehaar benutzt man heute Vlieseline als Einlage. Da wir uns im allgemeinen in gut geheizten Räumen aufhalten, trägt man nicht einmal mehr im Winter schwere Wollstoffe. Winteranzüge wiegen heutzutage soviel wie früher ein Sommeranzug.

Auch hinsichtlich der Farbenwahl hat man sich im Laufe der letzten Jahre grundsätzlich umorientiert: Schwarz und Dunkelgrau tauchen in der Sommerkollektion auf, und Pastelltöne kommen in der kalten Jahreszeit vor. Typische Herbstfarben wie Braun und Grün, die früher der Sportbekleidung vorbehalten waren (in England gilt: 'A gentleman never wears brown.'), zieren jetzt Frühjahrs- und Sommersachen, ja sogar den klassischen Anzug.

Der saisongebundene Charakter der Kleidung kommt heute hauptsächlich in der Stoffwahl zum Ausdruck. Im Herbst und Winter wirken die Gewebe voluminös und wollig, ohne dabei schwer zu sein, und ihre Oberfläche ist aufgerauht oder verwaschen. In der Frühjahrs- und Sommermode verarbeitet man Leinen oder Baumwolle bzw. leinenartige Stoffe, deren natürliche Knitterfalten inzwischen akzeptiert werden. Die flauschigen Wintermaterialien fallen weicher.

Aus der Bäumler-Kollektion: zwei zweireihige Anzüge mit hochgeschnittenen Revers. Eine wollene Wintervariante mit Kaviardessin und ein Leinenmodell mit Schattenstreifen für den Sommer.

Jacken in Aktion

Die beiden größten Anlässe, bei denen Männer aufeinandertreffen, der Krieg und der Sport, haben sich auch auf die Kleidung ausgewirkt. Sogar der Hippie-Look und die Aufmachung der Antikriegsbewegung trägt Züge von Kampfkleidung. Kampf heißt Aktivität. Dazu ist man nur in der Lage, wenn man nicht von allzu knappsitzenden Hosen, rutschenden Seidenkniestrümpfen, flatternden Rockschößen oder einengenden Ärmeln behindert wird.

In der zweiten Hälfte des vergangenen Jahrhunderts begannen die Neureichen und das in den Gründerjahren aufgestiegene Bürgertum der Aristokratie Konkurrenz zu machen. Im Unterschied zu jener waren sie nicht mit edlem Zeitvertreib wie z.B. der Jagd aufgewachsen. Ihre Alternative war der Sport. Und Sport erfordert die entsprechende Kleidung. Bei der Suche nach sportlichen Modellen orientierte man sich lieber nicht an den Arbeitern, die schon seit Jahr und Tag zweckmäßig gekleidet gingen, denn man wollte sich nicht mit der 'grauen Masse' identifizieren. Also übernahm man lieber einzelne Kleidungsstücke von den mit der Hand arbeitenden Schichten, gab ihnen eine elitäre Farbe und eignete sie sich dann an. So erging es den Pullovern der Fischer, den weiten Matrosenhosen und den Hemden. Die auf diese Weise kreierte Sportbekleidung bekam neue Farbtöne, die im allgemeinen recht hell waren. So hob sie sich wieder von der Arbeitskleidung ab, und ihre Träger demonstrierten, daß sie sich aktiv betätigten, zugleich aber auch über die Mittel verfügten, die empfindlichen Sachen von anderen pflegen und reinigen zu lassen. Hosen und Pullover waren oftmals in Weiß oder Ekrü gehalten, Sportjacken oder Blazer in kräftigeren Farben.

Links: Sportliche Tweedjacke mit kontrastierendem Kragen von Dressmaster. Sehr gut zu kombinieren.

Rechts: Modegestalter Gaultier hat in den letzten Jahren viel Klassisches wiederaufleben lassen: besonders weite Hosen oder, wie auf dieser Zeichnung, hautenge (Strumpf)hosen als Bestandteil des Männeranzugs.

Oben: Der Herzog von Windsor in Sportkleidung.

Links: Sportkleidung aus dem Jahre 1919.

Clubembleme und Biesen dienten zur Differenzierung. Die Initiative ging auch diesmal von England aus, das seine Führungsposition in der Männermode erst in den fünfziger Jahren endgültig an Italien und Frankreich verlor, wo man sich wiederum eifrig vom alten England inspirieren ließ. Neue Ideen kamen jedoch auch aus Amerika, wo die Tradition keinen solchen Wert hatte und der freiheitliche Pioniergeist auch die Garderobe beeinflußte. In England und Schottland hatte es nie ein derartiges Diktat des höfischen Milieus gegeben wie in Frankreich. Der

Einfluß ging eher von den Ländereien aus, auf denen der Adel meistens seine Zeit verbrachte. Beim Jagdsport und beim Aufenthalt in der Natur hatte sich die städtische Kleidung nicht bewährt. Für den Durchbruch einer besonders ländlichen Jacke, des Norfolk-Jacketts, ist sogar ein Mitglied der königlichen Familie verantwortlich. Es war Edward VII., Prince of Wales, (in manchen Kreisen besser bekannt als 'Bertie'), der, genau wie sein Enkel, der spätere Herzog von Windsor, eine große Rolle in der Männermodeszene spielte. Edward war nicht nur ein erklärter Kenner der Mode, sondern auch der Frauen. Er bevorzugte den molligen, gut gepolsterten Typ, von dem er denn auch umringt wurde. Als einer der letzten königlichen Sprosse brauchte sich Edward nicht um seine Macht zu sorgen. Die Periode seiner Reformbestrebungen, die sich besonders auf die Vorschriften in Sachen Kleidung bezogen, wurde 'Edwardian years' genannt (1890 bis 1910). Edward liebte es, die Regeln der Garderobe zu verändern, sah es aber gar nicht gern, wenn andere Männer aus seiner Umgebung auch solche Initiativen ergriffen. So soll er zu Lord Rosebery gesagt haben, als dieser ihn auf Schloß Windsor in Alltagskleidung besuchte: 'I presume you have come in the suit of the American ambassador'. Der Prinz und die Seinen fanden die amerikanische Mode abscheulich, weil sie es erlaubte, ohne Rücksicht auf Konventionen die verschiedensten Dinge durcheinander zu tragen, und weil sie Sportlichkeit mit einer kümmerlichen Nachahmung des Stils der Alten Welt kombinierte. Man bedachte vor allem die allzu farbenfrohen Krawatten der Amerikaner mit Spott.

Berties Kleiderschränke müssen unglaublich viel Platz eingenommen haben. Er besaß unter anderem etwa 65 Uniformen verschiedener Regimenter sowie englische und ausländische Festanzüge. Er zwängte seinen unter-

Edward, Prince of Wales.

setzten Körper aber nicht gern in steife Uniformen, sondern zog sicht lieber bequem an. Wenn er ein neues Dinnerjackett oder einen Smoking trug, ließ er die Rockschöße einfach abschneiden und öffnete den untersten Westenknopf, damit sein umfangreicher Bauch Luft bekam. Und bis auf den heutigen Tag gehört es zum guten Ton, den untersten Knopf der einreihigen Weste offen zu lassen! Außerdem legte Edward fest, daß man sich auf seinem Landsitz in Sandringham nicht mehr viermal am Tage umzuziehen brauchte. Ihm genügte es, wenn man tagsüber Tweed trug und zum Dinner in Abendkleidung erschien. Es gab damals bereits praktische kurze Jagd- und Sportjacken, die eine Mischung aus unserem heutigen Sakko und dem Blouson darstellten. Sportbegeisterte Studenten trugen solche Jacken aus groben Wollstoffen wie z.B. rustikalem Tweed beim Rudern und bei anderen sportlichen Aktivitäten.

Dem Prinzen von Wales boten diese Jacken noch nicht genügend Bequemlichkeit; sie behinderten ihn besonders beim Jagen. Deswegen hat er mit seinem Schneider das Norfolk-Jackett ausgetüftelt, dessen tiefe Schulterfalten größtmögliche Bewegungsfreiheit boten. Man kombinierte es mit Knickerbockers, die ihren Namen einer komischen Romanfigur verdanken, die immer in Kniehosen gekleidet ging. Es handelt sich um eine sportliche Hose, die unter dem Knie einen Schnallenverschluß hat. Berties Enkelsohn verlängerte sie ein wenig und verschaffte diesen sogenannten 'plusfours' noch mehr Popularität.

George V., der Sohn von Edward VII., war ein besonders strenger und militärischer Charakter. Seine unbeugsame Art vertrug sich nicht mit dem Abweichen von Regeln und Gesetzen, so daß sein Einfluß auf die Männermode nicht der Rede wert war. Als aktiver Sportler zeigte er sich allerdings überall, wo es der Anstand erlaubte, in Tweedanzügen, Norfolk-Jacketts, Knickerbockers und Blazern. Der Blazer hatte sich mittlerweile von der Ruderjacke in auffälligen Farben zum achtbaren dunklen Exemplar gemausert, das man in der Freizeit zu einer grauen oder hellen Flanellhose trug. Dieser Jackentyp sollte - manchmal mit auffälligen Knöpfen, Klubemblemen oder Kordeln an den Rändern und Taschen versehen - in zahlreichen Ländern Karriere als Schuluniform oder Studententracht machen. Georges Sohn Edward, der spätere Herzog von Windsor, hatte eher das Flair seines Großaters als die formelle und auto-

Rechts: Giorgio Armani fertigte seinen dreiteiligen Anzug aus Samtstoff, der wie derber Arbeitshosenkord wirkt.

ritäre Gesinnung seines Vaters. Mit diesem Vater hatte er sich noch im Jahre 1924 entzweit, weil er in Jagdkleidung zum Tee auf Sandringham erschienen war, wo doch sein Großvater am selben Ort schon dreißig Jahre zuvor gegen die Vorschriften verstoßen hatte. Vater George empfing Besucher auch niemals im Dinnerjackett oder Smoking, da er der Meinung war, diese Hausjoppe sei höchstens für die Mahlzeiten mit seiner besseren Hälfte geeignet. Weit mehr als mit seinen Verstößen gegen den 'dress-code' schockierte Sohn Edward die britische Nation mit seinem Verzicht auf die Krone zugunsten einer Ehe mit der geschiedenen amerikanischen Lady Simpson. Durch diese Entscheidung verlor er auch seinen Einfluß auf die Garderobe des Mannes. Sein Leben, das er meistens in Badeorten an der Rivièra verbrachte, wurde zwar auch weiterhin von der Presse verfolgt, aber seine Macht über die Mode reichte längst nicht so weit wie die seines Großvaters, der mit dem Öffnen eines Westenknopfes erst bei den Höflingen und dann beim Rest der Welt eine neue Mode lanciert hatte. Immerhin hatte der junge Edward doch noch so viel Einfluß, daß sich die Hutfabrikanten mit der Bitte an ihn wandten, er möge doch in der Öffentlichkeit einen Hut tragen. Da er sein prinzliches Haupt öfters unbedeckt gelassen hatte, war der Umsatz dieser Branche drastisch gesunken. Auch wir werden noch täglich mit Details unserer Kleidung konfrontiert, für die der zwischen den beiden Weltkriegen so viel Aufsehen erregende Kronprinz verantwortlich zeichnete. Von ihm übernahm man die scharfe Bügelfalte in den Hosen und Knickerbockers, das sportliche Sakko mit den wenigen Lederknöpfen, den Hosenaufschlag, den breiten Schlipsknoten, die bunten Pullo-

1925 erschien im Magazin 'Punch' diese Karikatur eines Mannes, der seine extrem weite Oxfordhose schonen will und deshalb die Hosenbeine hochzieht, was man damals (und heute?) nur den Damen zugestand.

ver und Westover. Diese Dinge waren jedoch keine Erfindungen des Herzogs von Windsor. Mit etwas Spürsinn kann man nachweisen, daß es sie schon gab, bevor Edward sie trug. So hatten bereits die Oxforder Studenten beim Tennisspielen ihre Hosenbeine (die seit 1925 bis zu 45 cm breit geworden waren) umgeschlagen, und bevor der Prinz die Kniehosen zur populären Golftracht machte, hatte es sie schon in der Armee gegeben.

Neben der königlichen herrschte noch eine gänzlich andere Macht über die Mode: Intellektuelle, Maler, Dichter und Sozialisten verstießen bewußt gegen die Konventionen der Machthaber. Ein Mann wie Bernard Shaw experimentierte mit overallartigen Strampelanzügen aus naturellfarbener bräunlicher Schafwolle. Andere ließen sich von den robusten Arbeitsanzügen inspirieren. So wurde der Kord (oder 'pillow'), den man sich von den Bauern abgeguckt hatte, salonfähig und landete als Skikleidung der besseren Kreise auf den Schweizer Berghängen.

Jede dieser Gruppen bevorzugte andere Farben. Während Garibaldi das rote Hemd (eine Anlei-

(→ S. 52)

Ein sportlicher Anzug aus den dreißiger Jahren, der weit oberhalb der Taillengegend zugeknöpft wird. Studio Milano benutzt dieses Foto als aktuelles Werbematerial.

Tweed

Man nimmt im allgemeinen an, daß die Bezeichnung für den Stoff von dem kleinen Fluß Tweed abgeleitet wurde, der südlich an Edinburgh vorbeifließt. Andererseits stammt das Gewebe aus den nördlicheren Regionen Schottlands, so daß es sich auch um eine falsche Aussprache oder Schreibweise des Wortes 'twill' (Köper) handeln könnte.

Wie dem auch sei, Tweed gehört zum sportlichen englischen Country-Look, der sich auch außerhalb Englands bei vielen Männern großer Beliebtheit erfreut.

Tweed ist ein geschmeidiges, aber besonders festes Material, das mit der Hand aus handgesponnener Wolle gewebt und viele Male hintereinander gewaschen wird. Jede Gegend im Norden Großbritanniens hat ihre eigene Tweedsorte mit einem spezifischen Webemuster und einer bestimmten Farbgebung. Heutzutage werden jedoch auf der ganzen Welt solche spezifischen Tweedsorten hergestellt, und Stoffdesigner entwickeln neue Varianten. Nur der Harris-Tweed hat seine Position als bekanntester Originaltweed erfolgreich verteidigen können.

Der englische Gentleman mit seinen sportlichen Anzügen aus Tweed wurde auf dem Festland schon bald nachgeahmt. Tweed ist nach wie vor alle paar Jahre 'in', - sogar in der Sommersaison, obwohl er natürlich im Winter am besten zur Geltung kommt.

Links: Ein Sakko von McGregor aus Sheperds Tweed.

Oben: Olivier Strelli entwarf dieses robuste Sakko aus einer vergrößerten Version von Donegal-Tweed.

Ein Anzug von Polo/Ralph Lauren aus derbem Phantasie-Tweed.

Ein Sakko aus Harris-Tweed von Designer Nico Verhey.

Eine Anzeige aus den fünfziger Jahren, deren Botschaft immer noch gilt.

Es war das Verdienst von Pierre Cardin, daß der Anzug des Mannes Mitte der sechziger Jahre ein neues, modernes Gesicht bekam. Seine Ideen (Reißverschlüsse statt Knöpfe, der Wegfall der klassischen Revers und die stromlinienförmigen Konturen) nahm die Konfektionsindustrie begeistert auf. Diese Anzugvariationen à la Cardin stammen aus dem Jahre 1969.

he bei den südamerikanischen Fleischern) popularisiert hatte, entschieden sich die Faschisten für Schwarz und die Pazifisten für Grün. Der echte Gentleman machte da nicht mit und hielt am weißen Hemd fest. Dennoch sickerten solche Neuheiten langsam in die Alltagsmode durch. Den größten Einfluß übte in dieser Hinsicht Amerika aus, das Land der unbegrenzten Möglichkeiten, über das der europäische Herr Hohnreden führte, falls er nicht zufällig der Bräutigam einer reichen amerikanischen Erbin werden konnte. In einem solchen Fall war Geld eben doch mehr wert als Tradition.

Der Zweite Weltkrieg brachte einen drastischen Umschwung. Der Kampf ums Überleben hatte die Mode zu einer höchst wirklichkeitsfernen Angelegenheit gemacht. Nach Kriegsende nahm der Einfluß der englischen Mode stark ab, wozu auch die Anwesenheit der Amerikaner und Kanadier auf dem Festland beitrug. Amerika wurde zum gelobten Land, und seine Film- und Musikindustrie trug seinen 'way of life' erfolgreicher denn je über den Ozean.

Um den infolge des Krieges entstandenen Stoffmangel zu überwinden, experimentierte die Industrie mit synthetischen Garnen. Vor dem Krieg verfügte man bereits über die Kunstfasern Rayon und Viskose, aber in den vierziger Jahren entwickelte man erstmals vollsynthetische Chemiefasern wie Nylon. Der Textilbedarf der stark gewachsenen Bevölkerung konnte nur mit Hilfe der Industrialisierung und Mechanisierung gedeckt werden. Da die alten Rang- und Standesunterschiede teilweise verschwunden waren, wurden die Anforderungen an die Mode gleichförmiger. Das alte Schneiderhandwerk wurde zur Domäne der

Happy Few, deren Outfit damals eigentlich nicht besonders 'happy' wirkte. Neue Farben und Formen kennzeichneten die Mode. Die Zeiten, in denen man sich einen Anzug fürs Leben anschaffte, waren passé. Das neue Credo lautete: Schaffe dir neue Sachen an, bevor die alten verschlissen sind. Aufgrund der neuen Stoffe und Herstellungsverfahren nutzten sich die Sachen außerdem schneller ab.

Trompe-l'oeil-Anzüge Anfang der siebziger Jahre, als man den klassischen Durchschnittsanzug schrecklich fand und sich Alternativen ausdachte. Die Hüfthose links war so hauteng, daß man kein Unterhemd mehr tragen konnte und nur noch sehr viel kleinere Unterhosenmodelle (so kamen die Minislips auf). Auch die Nietenhose rechts hat einen solchen Schnitt.

Der Rhythmus des Rock'n Roll erschütterte die alte Hierarchie dann endgültig in ihren Fundamenten und schuf die Basis für eine Jugendkultur, in der eine Welle die andere ablöste. Die Zukunft gehörte der Jugend. Hatten vor dem Krieg die Söhne noch ihren Vätern nachgeeifert, so versuchten nach diesem geschichtlichen Einschnitt die Väter verzweifelt, mit ihren Söhnen Schritt zu halten.

Die sechziger Jahre brachten die ältere Generation in Schwierigkeiten. Modeschöpfer Pierre Cardin entwarf scharfgeschnittene Jacken ohne Kragen und Revers, die manchmal tunikaartige Züge annahmen. In der Londoner Carnaby Street bot man neben der neofuturistischen, teilweise mit optischen Kontrasten (schwarzweißen Op-Art-Motiven) verzierten Kleidung eine neue Romantik zum Kauf an. Rüschen, Volants und Jacken mit orientalischen Dessins waren die Hauptelemente einer Mode, die die Jugend zeitlich und räumlich entrückte. Hippie-Outfits, die Folklore, Glasperlen, Jeans und Militärisches miteinander kombinierten, verstießen gegen alle Konventionen zugleich. Der Prozeß der Umkehrung der Revolte der sechziger Jahre in die neue Bravheit der achtziger Jahre war eine langwierige Angelegenheit.

Festliche Anlässe

Schwarz oder Weiß. Calugi è Giannelli entscheidet sich für beides und greift das Motiv der Klaviertasten auf.

Japaner, die sich im eigenen Lande bei offiziellen Anlässen im allgemeinen hyperkorrekt in feierliches Schwarz oder Weiß kleiden, staffieren sich in der Pariser Modeszene häufig mit Fliegen, Hemden und Schärpen in allen Farben des Regenbogens aus und wirken inmitten der neuen Schlichtheit, die im Insidermilieu an die Stelle der Wildheit getreten ist, manchmal ein wenig gewollt. Vor ungefähr fünfzehn Jahren erschienen an den europäischen Universitäten die Studenten, die aus den ehemaligen Kolonien stammten, zur Immatrikulation noch regelmäßig im Jackett. Die Kommilitonen in Jeans starrten sie an, als kämen sie von einem anderen Stern; dabei hatten sie sich einfach an die Kleidungsvorschriften gehalten, die ihnen der Vater oder Großvater beigebracht hatte. Solche Beispiele hat es immer schon gegeben. Alte Briefe und Bücher berichten oft von Besuchern und Botschaftern aus fremden Ländern, die mit ihrer Kleidung Aufsehen erregten. (Der russische Zar und sein Gefolge lösten zu Beginn des Jahrhunderts bei einem Besuch in Paris mit ihrer Unmenge von Pelzen eine Sensation und eine wahre Pelzwut aus.) Die Kleidungsvorschriften sind von Land zu Land unterschiedlich. Während man im Norden tagsüber feste Stoffe in kühlen Farbtönen wie Blau und Grau trägt, bevorzugt man im Süden luftigere Gewebe und sonnige Farbtöne. Dabei ist das Klima ausschlaggebend. In Amerika sitzt die Hose höher und die Schulterpartie so knapp, daß ein Europäer sich darin nicht wohl fühlen würde. Aber im großen und ganzen verschwinden solche Kodes, denn durch die Zunahme der Kommunikation wird die Erde kleiner. Sogar auf dem Gebiet der Festkleidung, die nach wie vor von Uniformität geprägt ist, so daß man dort am schnellsten in die Rolle des schwarzen Schafs geraten kann, zeichnet sich eine Lockerung der Regeln ab. In früheren Zeiten beschrieben Anstandsbücher haarklein, wie man sich in welchem Land zu verhalten hatte. So gehörte

(→ S. 58)

White and black tie

Das Foto rechts zeigt einen Frack von Lanvin, also den Anzug, den man trägt, wenn auf der Einladung 'white tie' angegeben ist.

Von unten nach oben: ein Paar Lackschuhe. Auch auf Hochglanz geputzte Schuhe mit Schnürsenkeln sind erlaubt, wenn sie glatt sind und keine sportlichen Details aufweisen.

Darüber schwarze Pantalons, die eigentlich Hosenträger oder verstellbare Riemenhalter statt eines Gürtels erfordern. Die Seitennähte werden mit einer Samttresse oder einem Rändchen schwarzer Borte besetzt. Eine solche Hose besteht generell aus dem gleichen Material wie die Jacke, - meist handelt es sich um leichtes Wollgewebe. Für den verwöhnten Geschmack ist bei 'warmen' offiziellen Anlässen auch ein kühler Leinenanzug zu empfehlen, der allerdings nach ein paar Stunden ziemlich zerknittert ist. Die Hose kann Bundfalten haben, liegt aber meist glatt am Körper an. Offizielle Kleidung steht jenseits der Mode. Die Jacke ist zweireihig, wird aber nicht zugeknöpft, da die Vorderteile dazu viel zu schmal sind. Die Rockschöße sind vorn abgeschnitten und laufen hinten in einen Schwalbenschwanz aus, der bis in die Kniekehlen reicht. Die Weste, die meist kein richtiges Rückenteil hat, zeigt einen tiefen Ausschnitt und Revers und besteht aus steifem Pikee. Sie kommt auf dem europäischen Festland meist ein Stückchen unter der Jacke hervor.

In England und Amerika fielen die Westen früher etwas kürzer aus, aber heute spielen solche Unterschiede keine Rolle mehr. Übrigens darf man sich nicht auf den 'Frackschwanz' setzen, sondern man hängt ihn vorsichtig seitlich oder rückwärts über die Stuhlkante.

Die Manschetten des gestärkten Hemdes kommen unter den Jackenärmeln hervor, werden aber nicht mit allzu auffälligen Manschettenknöpfen versehen. Das Einsteck- oder Kavaliertuch ist weiß und gehört bei festlichen Anlässen dazu; es darf schwungvoll aus der Brusttasche flattern. Das Hemd hat eine Vorderfront aus steifem Pikee, und in die Knopfleiste werden Zierknöpfe eingeknöpft. Um den Stehkragen wird der weiße Schlips - möglichst aus eigener Kraft - gebunden, der dem gesamten Anzug seinen Namen verleiht.

Der black-tie-Anzug stammt genau wie sein weißes Brüderlein aus dem Hause Lanvin. Es handelt sich um eine sommerliche Phantasieform des Smokings, die ausschließlich zu feierlichen Anlässen in südlichen

Zwei 'white-tie-'Outfits von Lanvin: rechts ein Originalfrack, links eine sommerliche Phantasiekombination.

klimatischen Regionen paßt.

Bei einem so kurzen Modell darf die Schärpe nicht zu sehr hervorstechen. Sein Träger sollte möglichst eine schlanke Figur haben, denn der Anzug selber wird ihm kaum dazu verhelfen.

Bei der schwarzen Fliege, die sich schon seit Jahren auch in Bordeaux oder anderen Farbtönen präsentieren darf - Hauptsache, sie stimmt mit der Schärpe überein -, darf der Verschluß nicht sichtbar sein (auch das gilt gleichermaßen für die Schärpe). Darum ist es ratsam, an der Etikette festzuhalten und die Fliege zu einem umgeklappten Kragen zu tragen. Ist einem - wie auf der Abbildung - der Stehkragen lieber, muß man in der Kunst des Fliegenbindens geübt sein. Auch zum Smoking trägt man, wenn die Brusttasche groß genug ist, ein festliches Einstecktuch.

Das Smokinghemd hat eine verdeckte Knopfleiste oder ein plissiertes Vorderteil.

es sich in Italien und Spanien, daß die Dame als erste die Drehtür betrat, während man in Deutschland, Frankreich, Belgien und den Niederlanden der Meinung war, daß der Herr als erster mit diesem Wagnis zu beginnen habe. Andererseits durften die Franzosen der Dame ungeniert auf die Beine schauen, da sie sie als erste die Treppe hinaufstiegen ließen, was man im Norden für unanständig hielt. Ob und wie man Handküsse zu geben oder seinen Teller zu kippen habe, unterlag ebenfalls nationalen Regeln. Heute geht man viel unbekümmerter mit diesen Dingen um, was aber wieder zu neuen Mißverständnissen führen kann, da man nicht genau weiß, was im Ausland üblich ist. In einer internationalen Tischrunde kann es vorkommen, daß ein Engländer das Brötchen des Deutschen aufißt, da dieser es - nach Festlandsitte - links neben den Teller legt, während es in England immer rechts liegt. Und in Beherzigung der Grundregel 'Ladies first' lassen junge

Als Gorbatschow anläßlich ost-westlicher Abrüstungsunterhandlungen 1987 Präsident Reagan besuchte, gab es Probleme mit der Etikette. Sollte man zum Bankett im Smoking erscheinen oder nicht? Reagan bestand auf seinem 'tuxedo' (wie die Amerikaner das Dinnerjakkett nennen - nach seinem ersten Auftritt in der gleichnamigen Ortschaft im Jahre 1888), während Gorbatschow einen Business-Anzug trug. Die Öffentlichkeit interessierte sich mehr für die andere modische Seite dieses Treffens, nämlich die Roben der rivalisierenden Damen Nancy und Raissa.

Männer heute die Frauen als erste aus dem Fahrstuhl steigen oder das Restaurant betreten, was aus der Sicht der Etikette eine grobe Unhöflichkeit ist.

Bei der Aufstellung all dieser Regeln und der Verwirrung, die sie stiften können, geht es eigentlich immer nur um zwei Grundsätze. Der erste lautet: 'When in Rome do as the Romans do', und ist die angelsächsische Variante der römischen Redewendung: 'Paese che vai, usanze che trovi'.

Der zweite kommt in der Haltung der niederländischen Königin Wilhemina zum Ausdruck, die, als ihr Gast Paul Kruger bei Tische die Fingerschale austrank, flugs selbst ihr Schälchen an den Mund setzte, um den einfachen Mann nicht zu beschämen.

Höflichkeit ist die Basis aller Umgangsformen. Wenn man nach eigenem Ermessen die passende Kleidung zu einem festlichen Anlaß angelegt hat, kann man niemanden beleidigen. Gastfreundliche Leute werden sich hüten, ihren Gast mit der Andeutung, er sei nicht ganz korrekt angezogen, in eine peinliche Lage zu bringen.

Die Regeln in Sachen Abendanzug können zu absurden Situationen führen. So trug man beispielsweis am englischen Hof unter der Herrschaft von William IV. eine schwarze Krawatte, weil der Monarch es so wollte. Aber kaum hatte er der Gesellschaft den Rücken zugewandt, so banden sich die Höflinge einen weißen Schlips um, womit sie wiederum den vorigen König, George IV., ehrten, der bei Hofe die schwarze Krawatte abgeschafft und die weiße eingeführt hatte. Als Gorbatschow bei Rea-

Abgesehen von Zusammenlebensformen ohne Trauschein entwickelte sich in den sechziger Jahren auch der Trend, im Alternativoutfit zum Standesamt zu pilgern. Bräute im Overall und Bräutigame, die sich nicht mehr im Cut oder dunklen Anzug, sondern in gewagteren Kombinationen präsentierten. Die Palette der Festkleidung wurde dadurch reichhaltiger.
Als die Fabrikanten merkten, daß extrem kurze Jacken oder Sakkos mit Silberfäden oder 'nassem' Glanz gern gekauft wurden, erhoben sie derartige Jacken oder Anzüge zur Festkleidung. Zur Zeit führen die Kollektionen jeder Saison auch neue Partykleidung.
Diese Kombination, bei der sich das Stickmotiv der Revers im Hemd wiederholt, stammt von der Firma Nik Boll, die ein sehr breitgefächertes Angebot an Festkleidung hat.

Ein Festjacke mit Paisleymuster aus dem Jahre 1967.

gan zu Besuch war, führte man ein ähnliches Affentheater auf, als es darum ging, ob man 'black tie' zu tragen habe oder nicht. Die Russen wollten im grauen Business-Anzug zum Staatsdiner erscheinen, während das Weiße Haus auf Schwarz bestand, zumindest, was die Krawatte anging.

Der Vermerk 'black tie' auf einer Einladung bedeutet, daß man in halboffiziellem Anzug, das heißt im Smoking, erwartet wird.

Der Smoking (auch Dinner-Jakkett genannt), den König George V. noch für ein intimes Kleidungsstück hielt, bekam in den dreißiger Jahren den Status eines Fest-

Ein zeitgenössischer klassischer Smoking von Laura Biagiotti für die Wintersaison 1988/89. Er ist von schlichter Eleganz: keine aufdringlichen Details stören das Bild. Die Schultern sind breit geschnitten, und der Sitz ist bequem.

outfits. In Amerika, wo man den Smoking nach dem Ort seines Durchbruchs 'tuxedo' nennt, verfiel man dem Charme dieser schwarzen oder nachtblauen Jacke früher als in anderen Ländern. Aber auch in den folgenden Jahren interpretierte man den Smoking unterschiedlich. Zunächst galt er als bequeme Jacke, die den Frack ersetzte, wenn die Männer abends im Rauchsalon ('to smoke' heißt rauchen) unter sich waren. Er war damals ziemlich dick gefüttert, da die alten Häuser sich nicht besonders gut heizen ließen.

Dann verließ der Smoking den Rauchsalon und zog als Dinnerjackett ins Speisezimmer ein. Man knöpfte ihn nicht zu, sondern trug eine Weste darunter, dazu ein stark gesteiftes Oberhemd und eine elegante weiße oder schwarze Schleife oder ein Plastron (einen vorn in Falten gelegten Schal). Das Hemd hatte anfangs einen Stehkragen, dessen Ecken manchmal heruntergeklappt wurden, aber dann erfanden die Amerikaner den umgeschlagenen Kragen, der nach einiger Zeit allgemein akzeptiert wurde.

In den zwanziger Jahren konnte der schriftstellernde englische Schauspieler Noël Coward die amerikanischen Zuschauer noch von der Bühne aus identifizieren - an ihrem umgeschlagenen Kragen. Statt der Weste trug man bald eine feine Satinschärpe, das sogenannte 'cummerbund' (die Bezeichnung wurde von einer hindustanischen Scherpe abgeleitet, die 'kamarband' hieß, und hat also nichts mit 'to cummer' - einschnüren - zu tun). Übergangsweise hatte man die Weste, die sich in Europa länger als in Amerika hielt, immer tiefer ausgeschnitten, so daß von ihr auch nur ein Streifen zu sehen war.

Schließlich entwickelte sich der Smoking zur schwarzen Jacke aus Wollstoff, die man zu einer ebensolchen Hose anzog (die statt Aufschlägen oder Gürtelschlaufen mit Biesen verzierte Außennähte hatte), und zu einem Oberhemd mit schwarzer Fliege. Der Smoking durfte

Eine festliche Ausstrahlung kann auch mittels einer besonderen Linienführung oder Materialverwendung erzielt werden. Der Schalkragen von Samuele Mazza ist schuppig.

Unten: Montana-Version eines festlichen Outfits.

Die neuste Festmode von Christian Dior basiert auf dem Frack, der aus dem vorigen Jahrhundert stammt und in den zwanziger Jahren bei offiziellen Anlässen getragen wurde.

auch nachtblau sein. Als sich dann das bordeauxrote 'cummerbund' durchgesetzt hatte, ließ man auch allerlei andere Varianten zu.

Neben die Smokings mit den übliche Schalkragen, die möglichst aus Satin sein sollten, oder die Modelle mit dem hohen Kragenansatz traten in den fünfziger und sechziger Jahren sogar Smokings ohne Kragen und Revers, in Weiß, Beige, Himmelblau oder mit irgendwelchen Phantasiedessins. Auch die Krawatte bekam bei vielen Männern andere Farben und Dessins, obwohl Schwarz immer noch dominierte.

In den fünfziger Jahren schickte man bei den Modenschauen in Rom vor dem Auftritt der Damen erst ein paar Dressmen auf den Laufsteg. Als sich das einbürgerte, entwarfen die italienischen Modeschöpfer etwas phantasievollere Kreationen für den Herren, also auch für die Abend- und Festkleidung. Seit der Zeit ist es Ehrensache für einen Modegestalter, sich beim Smoking etwas Besonderes einfallen zu lassen.

Noch vor einigen Jahren konnte man bei halboffiziellen Anlässen, die 'black-tie'-Outfits erforderten, seinen Augen und auch seiner Nase (wegen des Mottenpulvergeruchs) nicht trauen.

Unten: Chapon & Haar ließen sich Namen und Modell dieses 'Pocketsmokings' einfallen. Mit Hilfe eines losen Schalkragens, einer Fliege und des Kavaliertuchs wird dieser Alltagsanzug in einen festlichen Aufzug verwandelt. Man klebt den Schalkragen innen an der Jacke an, bindet den Schlips ab und die Fliege um und steckt sich das Tuch, das farblich auf Kragen und Fliege abgestimmt ist, in die Brusttasche.

Männer, die im Alltag besonders korrekt wirkten, hatten ihre Bäuche in - aus Gründen des Umfangs aber eher über - Schärpen gezwängt. Die Hosen, deren Nähte manchmal zum Platzen gespannt waren, gingen ihnen nur bis zu den Knöcheln oder wiesen in Kniehöhe eine hartnäckige, vom Kleiderbügel verursachte Falte auf.

Die Fliegen, bei denen es sich in den allermeisten Fällen um Fertigexemplare mit auffälligem Haken-und-Ösenverschluß handelte, waren grellila oder gepunktet statt

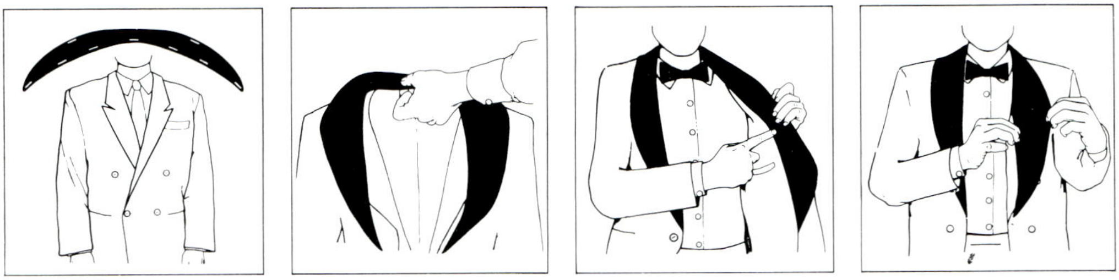

schwarz. Und die Smokingjacken machten peinlich bewußt, daß sich die Männermode innerhalb eines Jahrzehnts grundsätzlich verändert hatte - selbst eine Schulterpartie mit natürlichem Fall sieht alle drei bis vier Jahre irgendwie anders aus. Unter all diesen Pinguinen und drittrangigen Kellneruniformen liefen auch junge Männer in kurzen, silbrigen Jacken im neuen 'messjacket'-Stil herum. Solche taillenkurzen Jakken hatte in den dreißiger Jahren das Bedienungspersonal im Zug und in der Armee getragen. Jetzt signalisierten sie den Beginn einer Periode, in der auch die weniger modebewußte junge Generation wieder Festkleidung akzeptierte. Die Älteren schlossen sich ihr an, obwohl viele von ihnen den Vermerk 'black tie' noch immer als Freibrief für die seltsamsten, historisch anmutenden Smokingmaskeraden ansehen.

Wer sich und seiner Umgebung einen Gefallen tun will, zieht bei 'black-tie'-Anlässen etwas an, was zugleich elegant und bequem ist. Wer keinen einfachen Smoking mit Partyshirt, Weste oder Schärpe und Fliege hat, kann zum Kostümverleih gehen. Oder er kann auf einen dezenten, weichfallenden Anzug ausweichen, der, wenn er mit den richtigen Accessoires kombiniert wird, sehr festlich wirkt. Wer Festkleidung mag und sie sich auch leisten kann, kann in jeder guten Kollektion bzw. unter jedem Designer-Label die schönsten und phantasievollsten (was nicht immer dasselbe ist) Outfits finden. Vor allem sollte man eines nicht tun: sich in schlechtsitzende, alte oder geliehene Smokings zwängen. Außer-

Ein Smoking von Nino Cerutti. Der Schalkragen hat wirklich den Charakter eines Schals angenommen.

dem sollten alle Elemente zusammenpassen, - zur schwarzen Hose gehören keine braunen Schuhe. Glänzendes schwarzes Schuhwerk ist erforderlich: kein Problem bei Lackleder! Zum feinen Mohairsmoking paßt auch keine blinkende, große Armbanduhr, auch wenn es sich um die teuerste Rolex handelt. Eine Taschenuhr oder eine schlichte Uhr mit schwarzem Armband ist angemessen. Und bitte keine Flitterkrawatte, wenn man nicht gerade als Conférencier oder Alleinunterhalter auftritt. Die Taschen des Anzugs sollten auch nicht von Wertpapieren, Kleingeld und Autoschlüsseln ausgebeult werden!

Es ist ratsam, die festliche Kleidung auf den Partner abzustimmen. Es wäre auch falsch, zum Smoking eine gestreifte Hose zu tragen. Sie gehört zum Cutaway. Höchstens im Hochsommer sind weiße oder helle Jacken erlaubt.

Wer nicht ständig vom Spiegel oder von seiner Umgebung darauf hingewiesen wird, daß er einen schönen Hintern hat, sollte sich an Jakken halten, die bis über die Hüften fallen. Nur Schotten, die die traditionelle Tracht (also Röcke) tragen, erscheinen bei 'black-tie'-Einladungen in kurzen Jäckchen, womit sie der Party einen guten Dienst erweisen, indem sie ein Gesprächsthema liefern.

Bringt schon eine solche Einladung den Mann in Verwirrung, so kann die Aufforderung, in 'white tie' zu erscheinen, ihn zur Verzweiflung treiben. Das ist eigentlich unnötig, denn bei 'black tie' gibt es viel mehr Variationen (bei bestimmten Festen muß es heutzutage sogar ein Phantasiesmoking sein). 'White tie' bedeutet, daß man nur zum Frack, zur Galauniform oder zum Amtsgewand greifen darf. Generäle und Bischöfe haben damit also die wenigsten Probleme.

Einen Frackanzug, das heißt eine schwarze Jacke, die vorn kurz ist und hinten bis zu den Kniekehlen reicht, eine einfache schwarze Hose, eine weiße Pikeeweste und natürlich einen weißen Schlips, haben nur wenige Männer im Schrank hängen. Leihen (im Geschäft oder bei Bekannten) ist die Alternative zum Kauf. Nicht Hingehen ist auch noch eine Möglichkeit. Mit dem Frack wird im Prinzip nicht viel experimentiert. Nur die besten Schneider oder Designer wagen sich an diese Aufgabe. So hat Gianni Versace im Lauf der Jahre verschiedene charmante neue Frackvarianten kreiert.

Dann ist da noch der Cutaway oder 'morning dress', der in der Tat als Morgentracht gilt. Er darf aber auch tagsüber bis zum Sonnenuntergang getragen werden. Im tiefen Winter muß er also schon vor 18.00 Uhr wieder in den Schrank!

Diese Jacke mit den abgerundeten vorderen Rockschößen trug man Anfangs morgens beim Reiten. Damit sich die Schöße dabei nicht zwischen den Beinen verfingen, wurden sie abgeschnitten. Ursprünglich war der Cutaway schwarz und die dazugehörige Hose gestreift, aber bald war auch Grau erlaubt. Diese Neuerung kam aus England, wo man zu den Rennen in Ascot immer im Cutaway, und manchmal auch im Grauen ging.

Dazu gehört eine graue Weste, ein ungestärktes Hemd und ein graues Plastron oder ein (silber)grauer Binder.

In alten Wochenschauen sieht man etwa bei Kabinettskrisen die zurückgetretenen Minister und die mit der Regierungsneubildung beauftragten Politiker immer im Cutaway. Heute ist er an solchen Orten nicht mehr üblich. Der Cutaway fungiert hauptsächlich als Trauer- und Trauungskleidung. Bei Begräbnissen sind Schlips und Weste in Schwarz gehalten. Aber sogar hier wird der Cut verdrängt, da die Begräbnisse ihren zeremoniellen Charakter weitgehend verlieren. Und die Hochzeitskleidung ist derzeit die Spielwiese der Phantasie, so daß viele Bräutigame auf Anraten der Braut und der Schwiegermutter in Spe lieber einen Anzug tragen, der dem Brautkleid nachempfunden ist. Andere kaufen schlauerweise einen ordentlichen Anzug, den sie später auch noch tragen können. Also beherrscht der Cut nur noch den Bereich der offiziellen Empfänge und der Promotionsfeiern. Aber auch dort erscheint wohl niemand spontan in einer solchen Jacke, wenn er nicht gerade selber promoviert oder Gastgeber ist. Man muß schon im allgemeinen dazu aufgefordert werden. Zum Cutaway gehören Zylinder und Handschuhe, die man aber nur bei sich trägt. Wer sie aufsetzt bzw. anzieht, fällt unangenehm auf.

Oben: Für den Sommer 1989 entwarf Dries van Noten eine Jacke, die mit einem an besonderer Stelle eingewebten Farbstreifen Aufsehen erregt. Die Herstellung einer solchen Jacke erfordert besonderes handwerkliches Können (und einen hohen Stoffverbrauch).

Links: Der belgische Designer Dries van Noten achtet besonders auf die Musterung seiner Modelle. Selbst das Jackenfutter hat ein hübsches Dessin.
In der Winterkollektion von 1987 benutzte er eine Kombination von drei verschiedenen Stoffsorten.

Die praktische Seite des Anzugs

Beim Anzugkauf muß man sich entscheiden, ob man ihn lieber einfarbig oder mit einem eingewebten Dessin hätte. Wie schnell die letzte Variante zu 'spielerischen' Übertreibungen führen kann, beweist diese Jacke von Architect.

Der Mann, der sich in diesem Herbst oder Frühjahr seinen soundsovielten Anzug anschafft, weil er das Gefühl hat, daß ein waschseidener Anzug in einem rötlichen Lilaton mit ekrüfarbenen Streifen mal was anderes ist, wird im Geschäft auf ganz andere Dinge achten als der Mann, der gerade sein Studium beendet und eine Stelle in der Industrie bekommen hat, so daß er etwas Passendes für seinen Start ins Berufsleben braucht. Vielleicht kaufen beide am Ende denselben Anzug, aber sehr wahrscheinlich ist das nicht.

Jeder Anzug und jedes Sakko hat sein eigenes Einsatzgebiet, das heißt auch seine eigene Tabuzone. Wer gerade erst anfängt, eine Garderobe aufzubauen, sollte am besten dauerhafte Stücke kaufen, die sich gut kombinieren lassen. (Für den oben genannten Seidenanzug gilt das bestimmt nicht!)

Ein modisch geschnittener Anzug aus stabilem, aber weichem Material, dezent in Farbgebung und Musterung, erlaubt mehr Kombinationen als ein besonders auffälliges Exemplar. Das bedeutet aber nicht, daß man sich einen langweiligen Anzug kaufen sollte. Der Käufer eines solchen könnte noch so viel kombinieren, er würde doch immer nur einen eintönigen Eindruck machen.

Wer sich einen guten Anzug anschaffen möchte, sollte auf ein paar Dinge achten. Wenn man nicht gerade ausnehmend breit, lang oder kurz geraten ist, braucht man nicht zum Schneider zu gehen. Ein maßgeschneiderter Anzug ist zwar etwas Schönes, aber er kostet viel Zeit und Geld. Außerdem ist die Schneiderbranche ziemlich überaltert, was sich auch auf den Geschmack und das Können des Gewerbes auswirkt. Man sollte sich ein Geschäft aussuchen, in dessen Schaufenstern einem keine überdimensionalen Losungen versprechen, daß man beim Ankauf eines Anzugs eine Hose gratis bekommt. Wenn einem dann noch das Interieur des Ladens gefällt, ist man häufig an der richtigen Adresse.

Es ist auch keine Schande, Freunde und Bekannte um Rat zu fragen.

(→ S. 70)

Der perfekte Anzug

Modegestalter und Trendsetter beziehen ihre neuen Einfälle im allgemeinen aus der Übertreibung: sie bieten extrem breite Hosenbeine, eine Gummitaille im Wespenformat oder ganz besonders kompakte Schultern. Auch beim Erwerb eines ihrer avantgardistischen Anzüge oder Sakkos muß man noch auf der Hut sein.

– Der Kragen muß gut anliegen. Er darf nicht vom darunter getragenen Hemd abstehen. Dort, wo der Kragen ins Rückenteil übergeht, darf der Stoff zwischen den Schulterblättern keine Falten schlagen.

– Die Revers müssen flachliegen und wenn sie bis zum Hals reichen, dürfen sie nicht umklappen.

– Die Schulterbreite hängt vom persönlichen Geschmack ab. Amerikanische Schulten sind knapp bemessen und lassen den Kopf größer wirken. Extrem breite Schultern haben den umgekehrten Effekt. Also bietet sich ein modischer Mittelweg an. Die Polster dürfen sich weder unter dem Stoff abzeichnen noch Falten schlagen. Sie müssen den Eindruck erwecken, als läge der Stoff direkt auf der Haut auf und gäbe es keine Zwischenschichten.

– Man hüte sich vor einem zu breiten oder zu niedrigen 'Spiegel', das heißt, der Fleck zwischen den Jackenaufschlägen, in dem das Oberhemd sichtbar wird, sollte richtig bemessen sein. Wer dort zuviel Hemd zeigt, wirkt leicht wie ein Kraftprotz.

– Die Brusttasche ist ein Gradmesser der Qualität. Wenn sie unordentliche Nähte hat und nicht gut auf die Musterung abgestimmt ist, handelt es sich um eine Jacke minderer Güteklasse. Dann sollte man sich überlegen, ob der Preis so günstig ist, daß er den Mangel aufwiegt. Auch die Kragen- und Reversränder sind ein Gütekriterium. Sie sollten Steppnähte haben, die wie handgenäht aussehen.

– Die Knöpfe sollten stilvoll und nicht aus Plastik sein. Im zugeknöpften Zustand darf die Jacke an den Knopfleisten nicht ziehen. Man achte dabei auch auf den inneren Knopf! Auch die leichteste Jacke sollte beim Stehen einen ganz geraden Fall haben; die Hände hat man dabei aus den Taschen genommen.

– Die Jacke darf von der Hose nicht abstehen, aber auch nicht zu eng anliegen, da sonst eine Art Puffeffekt entsteht. Hat die Hose eine Falte, dann sollte sie geradlinig verlaufen und mitten auf dem Fußrist enden.

– Hosenbeine dürfen nicht verdreht wirken. Die Hose sollte im Prinzip locker in der Taille sitzen, wobei manche Männer den Bund lieber über und andere lieber unter dem Bauch tragen.

– Die Hosenweite ist auch eine Frage des persönlichen Geschmacks. Eine allgemein akzeptierte Regel lautet, daß man die Hände problemlos in die Hosentaschen stecken können muß, ohne daß sich Querfalten von der einen Tasche zur anderen bilden oder die Hose am Hinterteil spannt. Beim Business-Anzug sollte die Hose lieber etwas reichlicher sein, denn dann sieht sie besser aus, sitzt besser und hält länger. Wer auf bestimmte Stoffe überempfindlich reagiert, bevorzugt vermutlich gefütterte Hosen. Meist genügt es, wenn der Futterstoff vorn bis in Kniehöhe reicht. Dann fühlt sich die Hose von innen angenehmer an und knittert weniger. Es gibt aber auch durchgehend gefütterte Hosen.

– Die Länge der Hosenbeine ist variabel. Dabei spielt die Körpergröße des Trägers eine Rolle. Bei einem kleinen Mann wirkt eine zu lange Hose, deren Beine auf dem Fuß einknicken, wirklich wie zu lang, während diese 'Krokodilstatzen' bei großen Männern ganz gut aussehen. Hochaufgeschossene Herren der Schöpfung haben dagegen Probleme mit Hochwasserhosen, also zu kurzen Hosenbeinen. Im allgemeinen kann man sich an die Regel halten, daß die Hosenbeine ein klein wenig auf den Schuhen aufliegen sollten, ohne daß sie zu stark einknicken.

Sommeranzug von Balmain.

Da man in die Anschaffung von Garderobe einiges investieren muß, wäre es dumm, sich nicht vorher ausreichend zu informieren.
Die Erfahrung lehrt, daß man auf der Suche nach einem guten Anzug am besten solche Sachen trägt, die dem normalen eigenen Stil entsprechen. Die wahre Verkäufernatur bedient einen zwar auch noch freundlich, wenn man nur einen Sack anhat, aber wer weiß, ob man ausgerechnet auf so einen Klasseverkäufer trifft. Also bietet meist das Äußere des Käufers eine Handhabe, an der sich der Verkäufer manchmal allzu lange festhält. Es empfiehlt sich, Schuhe und ein Hemd anzuziehen, die man zum Anzug tragen will. Vor allem, wenn man die feste Absicht hat, nichts weiter als einen Anzug zu kaufen. Denn man wird bestimmt gefragt: 'Einen passenden Schlips, der Herr?'.

Beim Anprobieren kommt man im allgemeinen nicht auf die Idee, sich die Jackentaschen so voll zu stopfen, wie man es im Alltag auch tut. Es wäre aber all den Männern zu empfehlen, die immer ein ganzes Vorratslager mitschleppen, denn sie brauchen einen besonders stabilen Anzug.

Überhaupt sollte man sich beim Anprobieren des Anzugs Zeit nehmen. Man betrachte sich sorgfältig im Spiegel, nein, besser in zwei Spiegeln, denn der Mensch hat auch eine Rückseite.

In einem guten Herrenmodegeschäft erfährt man etwas über die Trageeigenschaften des betreffenden Anzugs. Auch kann man kleine Änderungen vornehmen lassen.

Wenn man etwas geändert haben will, sollte man darauf bestehen. Nicht auf Verkäufer reinfallen, die einem auf die Schulter klopfen und behaupten, die Hose habe mit einem anderen Gürtel und zu anderen Schuhen genau die richtige Länge!

Die Schulterpartie verdient besondere Aufmerksamkeit. Wenn sie nicht in Ordnung ist bzw. einen schlechten Sitz hat, kann man nichts mit der Jacke anfangen. Ganz egal, ob die Jacke mit einer breiten, natürlichen oder relativ knappen (amerikanischen) Schulterlinie versehen ist, die Grundregel lautet, daß die eigenen Schultern im Stehen ganz unmerklich in die eingearbeiteten übergehen müssen. Preis und Qualität korrespondieren meist miteinander, wenn es sich nicht gerade um ein besonderes Designermodell handelt. In dem Fall bezahlt man auch das

Die Ausdruckskraft der Weste

Gegen Ende der achtziger Jahre wird die Weste (auch 'gilet' genannt) als Bestandteil des modischen Outfits wiederentdeckt, nachdem sie jahrelang als unauffälliges Element des grauen oder blauen Anzugs dahinvegetiert hatte. In den vorigen Jahrhunderten war sie die Experimentierbühne des männlichen Einfallsreichstums gewesen.

Gleich nach dem Ende des Zweiten Weltkriegs konzentrierte sich die wenige, übriggebliebene Phantasie und Spritzigkeit auf den Binder, - die einzige Zierde der männlichen Vorderfront. Die Weste war der Textilknappheit zum Opfer gefallen und kam auch in den fünfziger Jahren, als es wieder genug Stoff gab, nicht mehr zum Vorschein. Die Hippies der sechziger Jahre trugen Folklorewesten oder selbstbestickte und -gehäkelte Exemplare, die aber auf die Straßenmode beschränkt blieben und nicht dem Einfluß der Designerszene unterlagen.

Die heutige Mode stattet die Westen mit Motiven früherer Jahrhunderte aus: Blümchen, figurative Muster, Stickereien, ja sogar Porträts. Fehlen nur noch die pornographischen Darstellungen, vor denen man früher auch nicht Halt machte. Sie steckten ja unter der Jacke.

Image, das modische Risiko, das Experiment und die individuellen Fähigkeiten des Modegestalters mit.

Bei billigen oder drittrangigen Jacken sitzen die Schulterpolster oftmals nicht an der richtigen Stelle oder bestehen aus minderwertigem Material.

Die Qualität eines Anzugs hängt nämlich nicht nur vom Stoff ab, sondern auch von der Verarbeitung. Diese kann man an den verborgenen Futterschichten der Innenseite ablesen. Gerade in diesem Punkt kann der Fabrikant (durch die Wahl des Materials und die Art der Befestigung) die Produktionskosten senken.

Polster, die sich durch den Stoff hindurch abzeichnen oder so herun-

Dieser Anzug von Nadini Uomo verdankt seinen Charme einigen vom Designer Mauro Calugi bewußt angebrachten Effekten, die gegen die allgemeinen Anzugsanstandsregeln verstoßen. So ist die Hose relativ kurz und liegt eng an den Oberschenkeln an. Die Taschen stehen offen, und der Stoff ist eigentlich zu voluminös für solche hochgeschnittenen Revers.

terhängen, daß sie vorn oder im Nacken Falten im Stoff verursachen, sind entweder schlecht oder weisen darauf hin, daß es sich um die verkehrte Jackengröße handelt. Eine solche Jacke läßt man besser hängen. Das gilt auch für Modelle, deren Ärmel so viel zu kurz oder zu lang sind, daß sich das Ändern nicht lohnt. Wenn man den Arm ausstreckt, sollte der Jackenärmel bis über jenen hervorstechenden Knochen außen am Handgelenk gehen und dabei die Ärmelbündchen ein wenig entblößen.

Bei der Kontrolle der Ärmellänge ist die Jacke zugeknöpft. So kann man auch gleich feststellen, ob man genug Bewegungsfreiheit hat. Wenn die Ärmel nicht gut eingesetzt sind, dann schiebt sich die Schulterpartie extrem hoch, wenn man die Arme anhebt. Bewegt man die Arme aufeinander zu, darf die Rückennaht nicht zu sehr spannen. In zugeknöpftem Zustand (man beachte, daß bei Zweireihern auch der Innenknopf geschlossen werden muß) sollte die Jacke im Stehen keine fragwürdigen Falten schlagen, andernfalls ist sie zu klein. Eine Jacke ist zu groß, wenn ihre Silhouette ganz gerade ist und - bei seitlicher Betrachtung - hinten von der Hose absteht. Die Jackenlänge hängt vom individuellen Geschmack ab. In jedem Fall muß der Übergang zur Hose fließend sein; die Hose darf weder unter der Jacke hervorbauschen noch von ihr erdrückt werden.

Vorlieben für bestimmte Jacken- oder Hosenmodelle sind ebenfalls etwas Persönliches, genau wie Farben, Dessins, Material oder Accessoires. Ausschlaggebend ist in jedem Fall die Paßform. Eine Hose ohne Bundfalten darf nicht zu eng und nicht zu weit sitzen. Weitfallende Hosen müssen eng in der Taille anliegen. Bei Männern mit kleinem Wuchs fallen besondere Formen und große Dessins extrem auf. Dann entsteht der Effekt, den der unnachahmliche Butler Jeeves in den Büchern von P.G. Woodhouse mit folgendem Motto kennzeichnet: 'Je kleiner der Mann, desto größer die Karos auf seinem Anzug!

Untersetzte und große Männer sollten dagegen Vorsicht walten lassen bei Jacken mit einem breiten und niedrigen Reversausschnitt. Wenn zuviel Hemd zu sehen ist, wirkt man noch viel kompakter.

Fast jede Jacke hat mehr Knöpfe als sie braucht, vor allem am Ärmel. Bei Qualitätsprodukten lassen sich diese Knöpfe tatsächlich knöpfen, obwohl sie auch dann keine reich verzierten Manschetten mehr entblößen. Bei sportlichen Jacken wie Tweedsakkos sollten sich nur ein oder zwei Knöpfe am Ärmel befinden, bei den feineren Modellen dürfen es drei sein, und bei Festanzügen sind vier oder fünf erlaubt.
In den letzten Jahren nähen die Designer auch vorn mehr Knöpfe an die Jacken (vor allem an zweireihige) als der Verschluß erfordert. Sie sollen die Linienführung unterstreichen und einen gewissen Luxus ausstrahlen. Die Pearly Kings & Queens in England halten den Rekord im Tragen überflüssiger Knöpfe. Ursprünglich Cockney-Hausierer, die seit 100 Jahren ihre Anzüge mit Perlmuttknöpfen verzierten, setzen sie jetzt ihr exklusives Äußeres als Touristenattraktion und Werbung für Wohltätigkeit ein.

Wenn man mit der Paßform von Anzug oder Jacke sowie mit dem Modell und der Farbe zufrieden ist, braucht man sich nur noch zu überlegen, ob das Material den jeweiligen Anforderungen genügt. Kaschmir, reine Seide, Alpaka, leichtes Leinen, Viskose oder Mischgewebe, die einen hohen Anteil dieser Fasern enthalten, sind nicht unbedingt die besten Arbeitsanzüge. Abgesehen von der schlechten Behandlung, der viele Anzüge ausgesetzt sind (weil ihre Träger die Jacken im Flugzeug oder bei stundenlangen Autofahrten anbehalten und die Hosenbeine nicht hochziehen, bevor sie sich in einen tiefen Sessel fallen lassen), können nun einmal nicht alle Gewebe alles vertragen. Wolle, reine Schurwolle oder ein Mischgewebe mit mehr als 50% Wolle, haben gute Trageeigenschaften. Man denkt bei Wolle immer an Winter und Kälte, aber mittlerweile ist die Spinntechnik derart fortgeschritten, daß man auch ganz feine, straffgespannte Fäden herstellen kann, aus denen wiederum besonders luftige, leichte und knitterfreie Stoffe gewebt werden. Man bezeichnet

sie häufig als 'cool wool' und deutet damit schon an, daß es sich um Sommerstoffe handelt. Eigenartigerweise ist gerade in Ländern, die in den warmen Klimazonen liegen, der Synthetikanteil in der Konfektion besonders hoch.

Synthetische Stoffe sind gut waschbar, knitterfrei und relativ billig. Das wiegt aber keineswegs das unangenehme klebrige Gefühl auf, das ein hoher Prozentsatz des luftundurchlässigen Polyester (oder anderer Synthetikfasern) beim Träger hervorruft.

Daher sollte man sich vor dem Kauf einer Jacke oder eines Anzugs ansehen, welche Fasern im Stoff verarbeitet sind. Die entsprechenden Angaben sowie die Reinigungsvorschriften stehen auf einem eingenähten Etikett (dazu ist der Hersteller im Prinzip verpflichtet). Wer in warmen Gegenden nicht schwitzen will oder nicht gern Wolle auf der Haut spürt, kann auf Leinen oder Baumwolle ausweichen, in Reinform oder als Mischgewebe. Die Modeindustrie experimentiert eifrig mit den sogenannten Mikrofibern, Synthetikfasern, die alle guten Eigenschaften der Naturfasern in sich vereinigen sollen. Bisher konnten die Trageeigenschaften von Geweben, in denen solche Fasern überwiegen, nicht überzeugen.

Die Kunst des Schneiderhandwerks

Hatte bis zum Anfang des vorigen Jahrhunderts noch der Kunde beim Schneider das große Wort geführt - man denke z.B. an Beau Brummell, der genau vorschrieb, wie das Endprodukt auszusehen habe (wie eine zweite Haut, versteht sich)-, so verlagerte sich die Autorität danach auf den Meister selbst. Er machte die Vorschläge und wußte, was 'in' und was 'out' war. ('Vielleicht lieber ein kleineres Karo, der Herr?') Insbesondere galt das für die Schneider, deren Atelier an der berühmten Londoner Savile Row lag. Sie waren berühmt für ihre Anzüge, Fräcke und Reitkleidung. Da die Mode im vorigen und zu Beginn des jetzigen Jahrhunderts nicht so schnellebig war wie heute (im konservativen England war sie besonders beständig), hatten die 'tailors' die Gelegenheit, sich alle Kniffe ihres Fachs anzueignen, so daß sie es namentlich bei den Standardmodellen weit brachten. Als die Mode Ende der fünfziger Jahre breitere Kreise der

Nino Cerruti liebt kleine Eingriffe mit großen Effekten: eine tief ausgeschnittene Weste, deren Webemuster einen harmonischen Kontrast zum Fischgrätenmuster des Anzugs bildet.

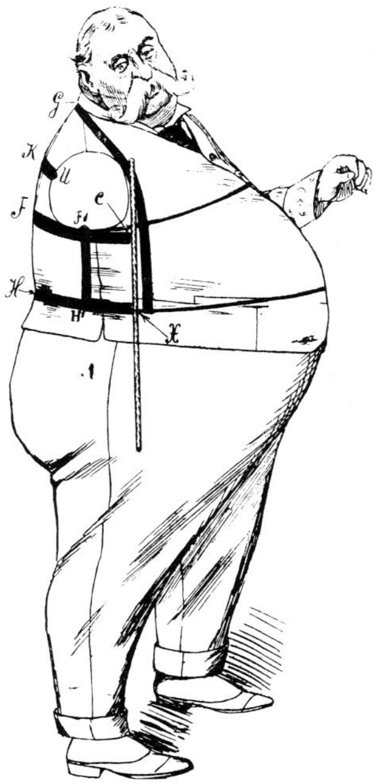

Männer erfaßte, verlor die Schneiderinnung von Savile Row viel von ihrer Macht. Das starke Ansteigen der Löhne und der Durchbruch des guten Konfektionsdesigns in den sechziger/siebziger Jahren haben dem Schneidergewerbe zwar nicht gerade den Gnadenstoß versetzt, es aber in ein elitäres Handwerk verwandelt, dessen Dienste sich nur noch eine kleine, meist ältere Schicht leisten kann. Wenn man will, kann man dem alten Grundsatz, daß handwerkliches Können vor Mode geht, noch immer huldigen. Man begibt sich zum Schneider, befühlt die Stoffmuster, läßt Maß nehmen, geht (je nach der Arbeitsweise des jeweiligen Schneiders) ein- oder mehrmals zur Anprobe, um den Sitz des Anzuges in seinen verschiedenen Stadien - geheftet, halbfertig und fast vollendet - zu überprüfen, und kann frühestens nach zehn bis zwanzig Tagen das Resultat abholen. Wer jedoch denkt, er könne die alten Sitten wiederaufleben lassen und seinem Schneider vorschlägt, die Rechnung auf die lange Bank zu schieben, wird auf Unverständnis stoßen. Heutzutage hat die Bezahlung prompt zu erfolgen. Auch die Empfehlung, einen neuen Schneideranzug erst ein paarmal in zusammengerolltem Zustand an die Wand zu werfen, stammt aus der Mottenkiste. Fred Astaire soll seine Anzüge so behandelt haben, damit sie etwas bequemer und getragener wirkten. Bei den schweren altmodischen Stoffen war diese Wurfprozedur vielleicht angebracht, die modernen leichten Gewebe sind jedoch nicht auf so rauhe Sitten eingestellt.

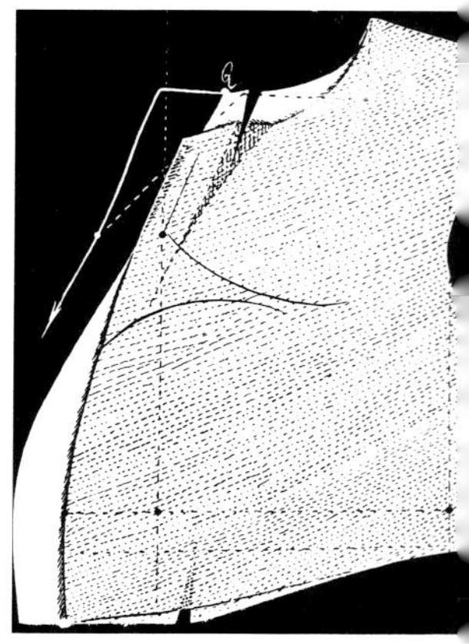

Das alte Schneiderhandbuch von Nebeling brachte dem Schneider bei, wie er mit Elle und Schere umgehen mußte und wie er besondere Figuren zu behandeln hatte. Ein dicker Bauch oder besonders hängende Schultern bringen den Fachmann nicht aus der Fassung, wohl aber die Konfektionsbranche. Moderne Konfektionskleidung geht generell von Idealmaßen aus und ist nicht in der Lage, davon abweichende Figuren mit dem Mantel der Konfektionsliebe zu bedecken. Gute Markenfirmen haben sich eine Lösung einfallen lassen und bieten einen speziellen Maßanfertigungsservice. Auch traditionelle Herrenausstatter führen solche Halbkonfektionsartikel und stellen damit eine Alternative zum alten Schneiderhandwerk dar. Man nimmt dem Kunden sorgfältig Maß, legt ihm Stoffmuster vor und ruft schließlich die Fabrik an, die dann einen Konfektionsanzug nach Maß herstellt.

Im Prinzip trugen die Männer bis in die Mitte des vorigen Jahrhunderts handgenähte Sachen. Die besseren Kreise gingen zu (den wenigen) besseren Schneidern, während der Normalbürger bei (den vielen) Schneidern arbeiten ließ, die weniger gute Stoffe für weniger Geld verarbeiteten. In den Luxusateliers hatte man sich auf die verschiedenen Arbeitsgänge spezialisiert, der Durchschnittsschneider hingegen machte vom Zuschneiden über das Füttern bis zu den Knopflöchern alles allein. Die unteren Schichten trugen früher die abgelegten Sachen der besseren Leute, so daß der Handel mit gebrauchter Kleidung blühte. Um 1850 verschwand durch die Einführung der Nähmaschine ein Teil der Handarbeit aus der Branche, aber sogar in der Konfektionsindustrie werden bestimmte Arbeitsgänge noch immer mit der Hand oder mit handbedienten Maschinen ausgeführt.

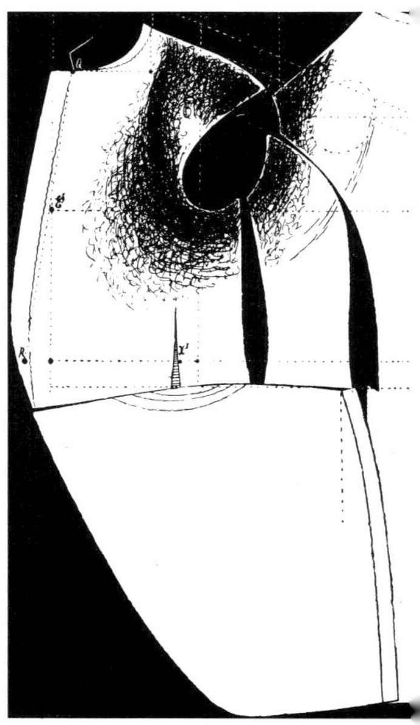

Von oben nach unten:
Wenn der Stoff automatisch ausgebreitet worden ist, bespannt man ihn mit Folie und erzeugt mittels einer Saugvorrichtung ein Vakuum. Dann wird der ganze Stapel automatisch zugeschnitten.

Es erfordert viele Arbeitsvorgänge und viel Handarbeit, den Einsatz und die Taschen in die Jacken einzuarbeiten.

Die Ärmelknöpfe werden angenäht.

Der Herstellungsprozeß

Manche Männer wissen besser über den Bau ihres Autos Bescheid als über die Anfertigung eines Anzugs oder Sakkos.

In den verschiedenen Betriebszweigen der Konfektionsindustrie spielt trotz aller Automatisierung die Handarbeit noch eine große Rolle. Viele Betriebe wichen in den sechziger Jahren, als die Lohnkosten stark zunahmen, auf Niedriglohnländer aus - man ging zunächst nach Portugal, Malta oder Jugoslawien, aber bald schon in den noch billigeren Fernen Osten, nach Indien oder auch nach Nordafrika. Die Löhne blieben in diesen Regionen zwar niedrig, aber die Produktionsbedingungen ließen manchmal zu wünschen übrig. Qualitätsware und hochmodische Kleidung wird daher in näher beim Absatzmarkt gelegenen Ländern bzw. in den hochindustrialisierten Staaten selbst hergestellt. Die Einführung der neuesten Technik hat in den Spinnereien, Webereien und Konfektionsfabriken die Handarbeit stark reduziert, so daß die Preise in Grenzen gehalten werden können. Wenn man sich aber beispielsweise in dem hochentwickelten Spitzenbetrieb Bäumler in Österreich umsieht, stellt man fest, daß auch die betriebseigenen Spezialmaschinen und Halbautomaten nicht ohne Handbedienung auskommen.

Das Material für einen Anzug kommt ballenweise aus der Weberei. Maschinen breiten den Stoff in dicken Schichten auf Tischen aus, die mit einer Vakuumvorrichtung versehen sind, die den Stoff so flach wie möglich ansaugt.

Für den perfekten Zuschnitt sorgen computergesteuerte Maschinen, die die verschiedenen Schnitteile möglichst effizient aus dem Stoff herausholen. Ihnen schließt sich eine lange Fertigungsstraße an. Laserstrahlen sind an die Stelle der Schneiderkreide getreten und markieren exakt, wo Einlagen, Taschen und Besatz auf- oder angenäht werden müssen. Der gute Sitz einer Jacke hängt auch von ihrem Inneren ab, und zwar von der Art und Weise, in der

die Vlieseline- oder Pferdehaareinlage modelliert wird, die der Jacke ihre stabile Kontur verleiht.

Bei der Firma Bäumler unterlegt man sogar den Ärmel ein wenig an der Schulternaht, damit er auch nach längerem Tragen seinen tadellosen Fall behält.

Die verschiedenen zugeschnittenen Teile werden mittels eines Nummern- und Aufklebersystems geordnet. Viele unsichtbare Nähte (etwa die der Ärmel) und Säume werden mit der Hand genäht und entscheiden über die Güteklasse des Produkts. Eine Näherin braucht Jahre, um die fließende Bewegung zu erlernen, mit der sie eine Tasche so befestigt, daß der Käufer keinen Stich entdecken wird und sich wundern dürfte, wieso sie so genau an ihrem Platz sitzt. Wollte man alle Arbeitsgänge verfolgen, die zur Umwandlung eines Stofflappens in einen Anzug erforderlich sind, müßte man sich etwa zehn Tage Zeit nehmen. Dabei sind die Wartezeiten zwischen den verschiedenen Arbeitsschritten mit eingerechnet. Die Automatisierung hat die Dauer der einzelnen Tätigkeiten stark verkürzt. Die Halbautomaten können sogar Knopflöcher machen, Knöpfe annähen und dämpfen. Die Nähte der Kragen und Revers vertraut man jedoch nicht den Maschinen an.

Von oben nach unten:
Knöpfe für jeden Typ.

Automaten ersetzen die Dampfbügeleisen. Sie dämpfen viele Jackenteile auf einmal in die richtige Form.

Die Endkontrolle, bei der kleine Fädchen und Fusseln entfernt und fehlerhafte Exemplare ausgesondert werden.

Die Pflege

Wer an dem Anzug, den er sich so sorgfältig ausgesucht hat, lange seine Freude haben möchte, sollte entweder einen Butler einstellen oder selber gut für ihn sorgen. Letzteres ist eher eine Frage der Routine und des Geschicks als eine zeitaufwendige Beschäftigung.

Grundsätzlich sollte man den Anzug nicht ununterbrochen tragen. Sogar ein Arbeitsanzug braucht ab und zu Ruhetage. Wenn man den Anzug, von der Arbeit kommend, auszieht, sollte man Kleingeld, Papiere und Schlüssel aus den Taschen holen, damit Jacke und Hose erleich-

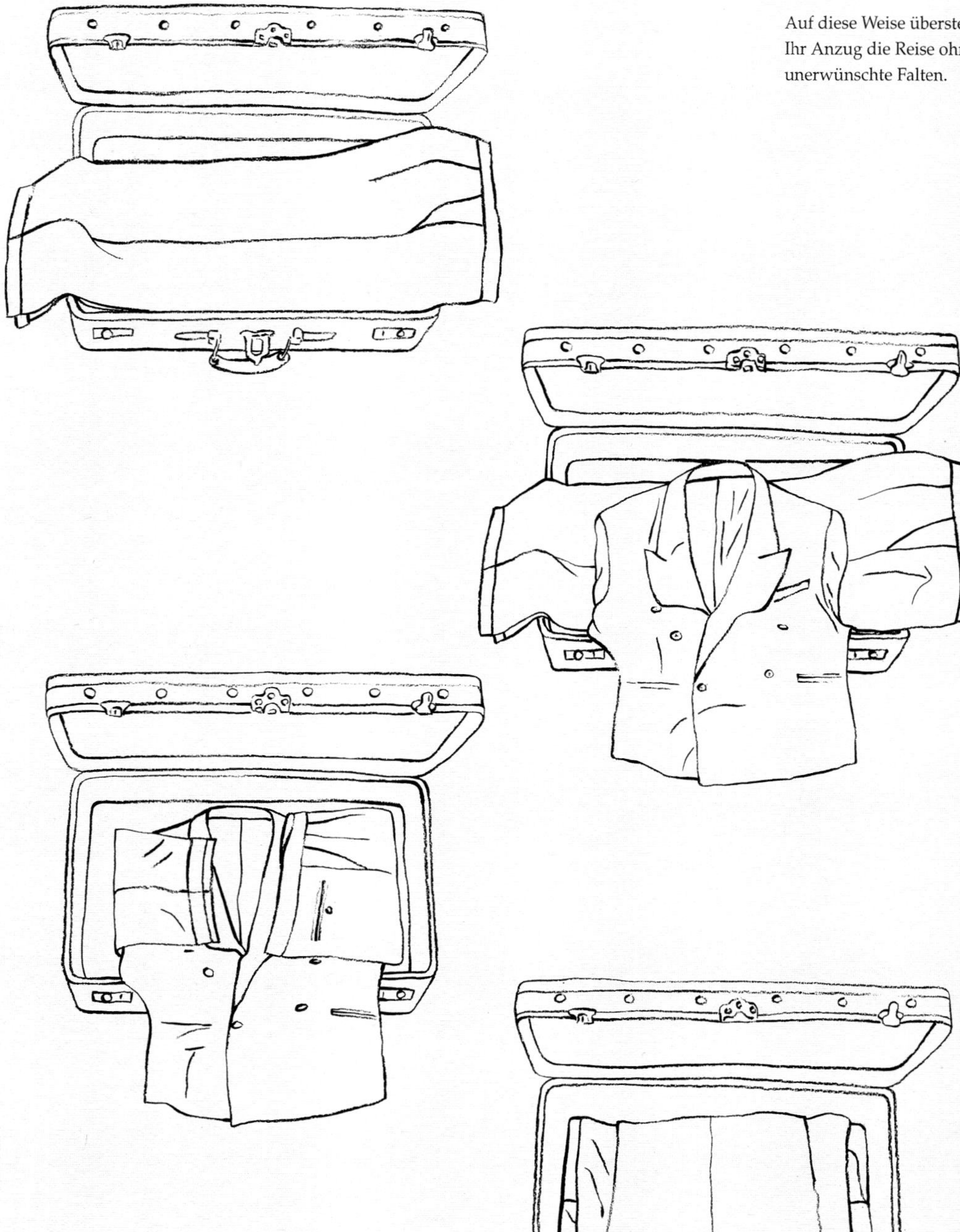

Auf diese Weise übersteht
Ihr Anzug die Reise ohne
unerwünschte Falten.

tert werden. Man hänge die Jacke auf einen stabilen Bügel, am besten auf so ein Holz- oder Plastikmodell, das der Körperform entspricht und selbst breite 'Schultern' hat. Die schmalen Bügel, die man in der Reinigung mitbekommt, sind nur für die Dauer des Transports zu empfehlen.

Man knöpfe die Jacke zu und hänge sie an eine Stelle, wo sie lüften kann, ohne naß zu werden. Wenn es sich um wollene Kleidung handelt, genügt ein dampfendes Badezimmer, um die Knitter alsbald zu vertreiben. (Guter Tip für Hotelaufenthalte.) Eine Jacke aus Leinen, Baumwolle oder Seide kann beim Tragen so stark knittern, daß das Bügeleisen in Aktion treten muß.

Beim Zusammenlegen der Hose müssen die Nähte der Hosenbeine genau übereinanderliegen. Dann hängt man die Hose über den Stuhl, den Bügel oder den sogenannten Dressboy, auf dem auch die Jacke Platz hat. Es gibt auch Dressboys, die die Hosenbeine einklemmen und zugleich dämpfen. Bei diesen Apparaten muß man aufpassen, daß die Hose keine Bügelfalten an der verkehrten Stelle bekommt (Doppelfalten machen sich nicht gut).

Wenn man Leinen-, Baumwoll- oder Viskosehosen auch nur einen Tag getragen hat, ist die Zwickelgegend bereits völlig zerknittert, so daß man an dieser Stelle mit dem Bügeleisen operieren muß (möglichst an der Innenseite). Wer dazu keine Lust hat, sollte sich besser keine solche Hose anschaffen. Hosen neueren Datums werden vom Hersteller bzw. Designer oftmals nicht mehr mit einer Falte ausgestattet. Solche Exemplare sollten möglichst frei hängen. Sie nehmen viel Platz im Kleiderschrank weg, lassen sich aber mit speziellen Hosenklammern aus Holz (das innen mit Samt besetzt ist) gut am Bügel befestigen. Bei jeder Art des Aufhängens sollte man die Hose zuknöpfen.

Kleiderbürsten sind schon fast in Vergessenheit geraten. Das ist schade, denn wenn man die Kleidung regelmäßig von Fusseln und Staub befreit, wirkt sich das schonend aus.

Man muß Anzüge und Jacken öfters reinigen lassen, sollte eine guten Anzug jedoch nie eigenhändig waschen. Nur ausgesprochen sportliche und pflegeleichte Hosen vertragen das.

Bloße Knie und heiße Tage

Mit der Annahme, daß viele Entwürfe der Modeschöpfer nicht weiter als bis in die Spalten der Zeitungen oder die Regalfächer der Lager kommen, liegt man im allgemeinen ganz richtig. Für den Männerrock gilt das ganz eindeutig, wenn man von seiner schottischen und griechischen Ausführung einmal absieht. Nur Dressmen und Modenarren haben in der 85er Modesaison beide Beine in einunddasselbe Loch gesteckt. Eine andere unpopuläre Kombination ist der 'kleine' Anzug, der aus einem Sakko und einer kurzen Hose besteht. Shorts und Bermudas sind in warmen Gegenden natürlich allgemein üblich, sogar als Bekleidung ehrbarer Polizisten, halten sich aber von langen Jacken fern. Wenn es so warm ist, daß man zu Bermudashorts greift, ist ein Hemd bereits mehr als ausreichend.

Modische Tendenzen beruhen aber nicht immer auf praktischen Erwägungen. So werden 'kleine' Anzüge in regelmäßigen Abständen neu präsentiert. Offenbar hat diese Beharrlichkeit bei manchen Männern Eindruck gemacht, denn hin und wieder entblößen ein paar besonders Mutige die Knie unter dem Jackett.

Im Hause Panchietti entwarf man einen kniefreien Anzug für den Winter 1988. Er wurde ziemlich kühl empfangen.

Gürtel oder Hosenträger

Wer die wenigen Hosen, die noch aus der Zeit der Jahrhundertwende datieren, gründlich untersucht, wird bemerken, daß die vielen Gürtelschlaufen, die nun zu fast jeder Alltagshose gehören, fehlen. Bis zu Beginn unseres Jahrhunderts war es nämlich üblich, eine Hose mit Hilfe von Trägern an ihrem Platz zu halten. Es waren hübsche Accessoires, oftmals geschmückt mit persönlichen Monogrammen oder Motiven. Napoleon soll ein mit Bienen besticktes Exemplar besessen haben. Vor allem im vorigen Jahrhundert, als man die Hosen extrem hoch und eng im Schritt trug, boten Hosenträger eine vortreffliche Hilfe. In Amerika, wo man Hosen bevorzugt, deren Bund hoch zu sitzen hat, erfreuen sich auch heute noch die Hosenträger großer Beliebtheit. Die Arbeiter trugen ihre praktischen Arbeitshosen nie so hoch und straff und verwendeten Gürtel, die zudem noch den Vorteil hatten, daß man Handwerkszeug und eine Geldbörse daran hängen konnte.

Gürtel, die nur dazu dienen, eine Hose festzuhalten, sind eine Erfindung dieses Jahrhunderts. Sie gelten als praktisch und sportlich (und aus genau diesem Grunde sind sie bei zeremonieller Kleidung noch stets verpönt) obwohl eigentlich Hosenträger, da sie die Taille nicht einschnüren, die Atmung weit weniger behindern. Seit die Gürtel in Massenproduktion gingen - das geschah, als der Sport zur allgemeinen Freizeitbeschäftigung wurde - nehmen die Gürtelschlaufen an den Hosen zu. Hosen, die mit Trägern zu halten sind, genießen inzwischen Seltenheitswert. Eigentlich sollte man nur dann Hosenträger benutzen, wenn die Hose keine Gürtelschlaufen aufweist (Zierschlaufen und verdeckter Gummizug sind erlaubt). Wer seine Hosenträger wirklich liebt, setzt spezielle Knöpfe an die Innenseite der Hose und lehnt Träger mit Klemmen ab. Früher gaben die Knöpfe auch der nichtelastischen Unterhose Halt.

Der größte Stilbruch, den man begehen kann, besteht darin, Gürtel und Hosenträger zugleich zu tragen, auch wenn man noch so große Angst hat, siene Hose zu verlieren.

Materialsorten

Es folgt eine Auflistung von Stoffsorten und Fachbegriffen, die dem Anzug- und Sakkoträger eventuell die Auswahl erleichtern.

Acetat Eine synthetisch hergestellte Faser aus Zellulose, die sich in Aceton (Achtung!) auflöst. In den vierziger und fünfziger Jahren diente es als Ersatz für Seide und Satin - als Futterstoff oder Smokingmaterial.

Acryl Eine vollsynthetische Faser, die oft mit Wolle gemischt wird oder als Wollersatz dient (vor allem als Strickstoff).

Alcantara Ein synthetisches Material, das dem Wild- oder Gemsenleder ähnelt, aber im Unterschied dazu nicht geschmeidig wird und bei Jakken etwas starr wirkt.

Alpaka Eine zarte, weiche und glänzende Faser, die aus dem Fell des Lamas gewonnen wird. Sie wird häufig mit Wolle gemischt.

Angora Eine wollige, weiche Faser, die aus dem Fell des Angorakaninchens oder der Angoraziege gewonnen wird. Man verleiht damit gewebten oder gestrickten Stoffen einen besonderes voluminösen Effekt. Angora befindet sich auch in Filzhüten.

Appretur Eine mechanische oder chemische Bearbeitung von gewebten oder gestrickten Stoffen, die Glätte, Wasserundurchlässigkeit und Festigkeit bewirkt.

Bedford oder Bedford Cord Ein starkes Woll-, Seiden- oder Baumwollgewebe (oder eine Mischung), das gerippt ist.

Bird's-eye Ein kleines Webemotiv, das einem Vogelauge oder einem Kaviarkügelchen ähnelt. Es wird auch Kaviardessin genannt.

Baumrindenkrepp Ein Gewebe, dessen stark ineinandergedrehte Fäden zu einem Profil verwebt wurden, das der Struktur der Baumrinde ähnelt.

Bouclé Sammelname für Stoffe mit krauser Oberfläche, die aus (häufig mehrfarbigem) Garn mit Knoten und Schlingen gewebt werden.

Brabanter Karo, Vichy-Karo oder B.B.-Karo Ein Baumwollstoff mit aufgedrucktem oder eingewebtem Karomuster, dessen Schwarz-Weiß-Effekt besonders erfrischend wirkt.

Changeant Schillerndes Gewebe, dessen Effekt durch die Verwendung verschiedenfarbiger Kett- und Schußfäden entsteht. Stark glänzende Changeants nennt man 'naß' und weniger glänzende 'trocken'.

Cheviot Grobes (gewürfeltes) schottisch-englisches Wollgewebe. Heute bezeichnet man auch andere rauhe Wollstoffe so.

Chiné Ein Gewebe, dessen Kettfäden vor dem Weben mit einem Dessin versehen werden. Da sie sich mit den Schußfäden vermischen, verblaßt dieses Muster. (Wenn die Kette so gemustert ist, daß ein Flammenmotiv entsteht, spricht man von Ikatgewebe.)

Chintz Buntbedrucktes, meist aus Baumwolle bestehendes Gewebe mit Leinenbindung, das im Nachhinein mit einer wachsglatten Oberfläche versehen wurde.

Cloqué oder Blasenkrepp Ein Gewebe, dessen zwei Schichten beim Waschen in unterschiedlichem Maße einlaufen, so daß ein Kräuseleffekt entsteht. Der Begriff wird heute überhaupt für blasige Gewebe verwendet.

Cloquette oder Seersucker Kreppsorte, meist aus Baumwolle, die ungleichmäßig mit Lauge (z.B. Natronlauge) behandelt wird, so daß der Stoff ein Blasenmuster bekommt. Früher vor allem für Nachthemden verwendet, heute auch für Sommermäntel.

Crêpe oder Krepp Sammelname für Stoffe mit feingenarbter Oberfläche, die durch starke Drehung des Garns entsteht. Da die Fäden ein wenig unter Spannung stehen, hängt sich dieser Stoff schnell wieder aus.

Denim Aus 'serge de Nimes' entstandener Begriff, der auf die angebliche Herkunft des Stoffes aus der französischen Stadt verweist. Ein kompaktes Gewebe, meist aus Baumwolle, mit farbigen (oftmals indigoblauen) Kettfäden und weißen Schußfäden. Denim wird mit einer diagonalen Streifung gewebt, die man als Köperbindung bezeichet. Köper wird auch Drillich genannt.

Donegal Tweed Ursprünglich ein (handgewebtes) Wollgewebe aus dem irischen Gebiet Donegal. Kleine Farbeffekte frischen die Stoffoberfläche auf.

Duffel Nach der belgischen Stadt Duffel genanntes schweres Baumwoll- oder Wollgewebe, das auf beiden Seiten aufgerauht ist. Man verwendet es für derbe Jacken oder Mäntel.

Duvetine Samtimitation aus Wolle, Baumwolle oder Chemiefasern.

Flanell Wollig aufgerauhtes Gewebe, bei dem man die einzelnen Fäden kaum noch erkennen kann. Aus Baumwolle oder Wolle.

Flausch Dicker weicher Wollstoff, dessen Oberfläche so stark aufgerauht ist, daß sich Flocken bilden können.

Fresco Leichtes Kammgarngewebe, das auch als 'tropical' bezeichnet wird, wenn es sich um Sommerstoffe handelt.

Gabardine Kompaktes Material aus Wolle, Baumwolle oder Mischgewebe, in das eine auffallende diagonale Streifung eingewebt wird (eine sogenannte Steilköperbindung).

Jersey Sammelname für Gestricktes und Gewirktes.

Kamelhaar Aus dem Haar des Kamels gewebt und meist mit Wolle vermischt, fühlt sich sehr weich und zart an und wird für Mäntel und Blazer verwendet. Meist gelblich- bis dunkelbraun.

Kammgarn Feines glattes Garn, meist aus Wolle, dessen gleichmäßige Oberfläche dadurch entsteht, daß die kurzen Fasern herausgekämmt werden. Danach wird das Wollvlies erst vorgesponnen, gedehnt und dann feingesponnen.

Kaschmir Garn aus der feinen Wolle der Kaschmirziege, ein kostbares Material mit edlem Glanz. Ursprünglich fertigte man im gleichnamigen Himalajaland daraus bunte Stoffe, deren Musterung auch als Kaschmir bezeichnet wurde. Als man diese Muster später in dem englischen Ort Paisley imitierte, setzte sich dafür der Name Paisleymotive durch.

Kord(samt) oder Manchester Englischer Name für mehr oder weniger breit gerippte robuste Stoffarten, deren Oberfläche manchmal samtig ist.

Laken Tuchart aus Streichgarn.

Lambswool Die weiche Wolle von der ersten Schafschur.

Melton Weicher Kammgarnstoff in Köperbindung, das an beiden Seiten leicht verfilzt wirkt.

Merino Besonders feine Wollsorte des gleichnamigen australischen Schafes.

Mohair Stoff aus Ziegenhaar bzw. Angorawolle, bei dem die langen Haare die Kett- und Schußfäden unsichtbar machen.

Moiré Gerippter Stoff mit aufgewalztem Moirémuster, das aus Flammenmotiven besteht. Seidenmoiré wird für Festkleidung verwendet.

Nylon Vollsynthetische Faser, die besonders stark ist und sich gut waschen läßt.

Pfirsichhaut oder Peau de pêche Baumwollgewebe, dessen aufgerauhte Oberfläche an die Haut eines Pfirsichs erinnert.

Polyester Vollsynthetischer Stoff, sehr form- und lichtbeständig.

Ratiné Woll- oder Baumwollgewebe mit gekräuselter Oberfläche, da die Härchen zu Klumpen gedreht werden.

Samt oder Velour Sammelname für Stoffe mit einem dicken, seidig-weichen, pelz- oder plüschartigen Flor.

Serge Sammelname für seidene Stoffe in Köperbindung (diagonale Linienführung), oftmals aus Kammgarn.

Shantung Seidengewebe mit ausgeprägten Fadenverdickungen, häufig ekrüfarben.

Streichgarn Garn mit weicher Oberfläche, die dadurch entsteht, daß es aus ungleichmäßig kurzen Fasern besteht und nur schwach gedreht ist. Die Fasern werden erst gebürstet, bis ein grobes Vlies übrigbleibt, das man in breite Streifen schneidet, die dann versponnen werden. Das Gewebe hält besonders warm.

Tweed Typisch englisches Streichgarngewebe, das stark aufgerauht ist.

Vicuña Besonders feines Haar einer kleinen, südamerikanischen Lamaart.

Whipcord Dem Gabardine ähnlicher, aber derberer Stoff mit schrägen Rippen, der oft für Uniformen und Reithosen verwendet wird.